二阶俊博 评传

ニカイ トシヒロ ヒョウデン

蒋丰 王鹏◎著

人民出版社

序　言

　　在当今的日本政坛上，当选超过 10 次的国会议员并不多见，其中不少人活跃于日本政治舞台的同时，也为中日关系的发展呕心沥血，深受中国人民的敬重。二阶俊博先生当属这样一位日本政治家。

　　我与二阶先生结识多年。记得那是 2000 年，我在中国驻日本大使馆工作，当时二阶俊博先生找使馆商议，计划当年为迎接新世纪组织 2000 名日本各界人士访华，以促进两国民间交流和友好感情。未曾想这一设想一对外公布，各界报名参团人士异常踊跃，很快超出计划人数。二阶先生向使馆通报报名情况后，我告知人民大会堂宴会厅最多只能容纳 5000 人，结果二阶先生按此人数组织了访华团并于当年 5 月成行。之前中日之间最大规模的交流活动是 1984 年 3000 名各界友好人士访华。5000 人访华创下了中日国民交流人数的新高。在这次成功实施大规模访华交流基础上，二阶先生于 2002 年中日邦交正常化 30 周年之际再次组织了 13000 余名日本各界人士访华团，又一次刷新了日本代表团访华记录。值得一提的是，在二阶先生的积极推动下，访华团在北京郊外八达岭种下了 13000 多棵象征中日两国人民友谊万古长青的树苗。我有幸在北京参加了这些活动。15 年来，这些寄托了二阶先生真挚愿望的树苗已经苗壮成长，绿树成荫,成为中日友好的又一象征。

5000 人和 13000 人访华以来,二阶先生在日本国内接连担任党政要职,但对中日友好事业的热忱一如既往。就像二阶先生亲手种下友谊之树的年轮一样,由他组织实施的中日友好交流活动也在一次次积累。2015 年 5 月,二阶先生率领 3000 多位日本各界人士访华并出席在人民大会堂举行的中日友好交流大会,习近平主席亲临大会并发表重要讲话。会上还发表了呼吁两国加强民间交流合作、为中日世代友好携手努力的《中日友好交流大会倡议书》,成为近年来中日两国民间交往的一大盛事。二阶先生还以长远眼光积极推动两国各领域务实合作。今年年初获悉中方举办"一带一路"国际合作高峰论坛的消息后,二阶先生立即找我商讨促进中日双方结合"一带一路"开展合作。经多方运筹,二阶先生率由各界要人组成的"全日本"代表团参会,成为日本参与"一带一路"建设的重要一步。

本书详细记叙了二阶俊博先生开展中日友好交流的足迹,同时也追根溯源,介绍了他的成长、从政经历和作为一名政治家的风貌。这本传记能够帮助我们全方位了解二阶先生其人其事,了解他投身中日友好事业的思想源流和坚定信念,了解中日两国人民世代友好的来之不易。

通过书中的描述,二阶俊博先生告诉我们,中日友好是一项前人栽树、后人乘凉的伟大工程。我期待并相信,《二阶俊博评传》能够带动更多的人参与中日友好事业,在两国社会播撒下友谊的种子,不断在两国人民心中生根发芽,开花结果,使中日友好世代相传。

欣闻《二阶俊博评传》将于中日邦交正常化 45 周年之际付梓,将二阶先生为中日交流所做大事略作回顾,是为序。

中华人民共和国驻日本国特命全权大使

程永华

2017 年 7 月

目　录

序　章

从现实走进二阶俊博的世界

　　说起来,已经是 2016 年 12 月 12 日的事情了。当笔者走进位于东京永田町的日本自民党总部四楼的干事长办公室时,墙角办公桌上一个显示自民党党员实时总人数的速报显示器,格外引人注目。以 120 万党员为目标的干事长二阶俊博,时不时地扫一眼上面不断增长的数字,这已经成为他的一个工作习惯,他希望通过这个最直观的数字随时了解自民党的发展情况。出身于自民党的议员都知道,拜访过二阶俊博,离开时必定要带走一捆"特产",那就是交给他们分发的"入党申请书"。

　　中国有句俗语,叫做"众人拾柴火焰高",二阶俊博也听过,他非常清楚,党员人数的增加,意味着党的基盘的扩大,对执政的自民党的稳定发展至关重要。作为自民党合格的干事长,二阶俊博就是那个大家休息后仍然要巡视一番,检查门窗火烛的大管家,正因此,二阶俊博得到一个"最后的党人"称号。

　　2016 年 8 月,在政坛形势错综复杂的情况下,在时任自民党干

2016 年 12 月 1 日,笔者蒋丰采访日本自民党干事长二阶俊博（右）

事长谷垣祯一因为车祸不得不住院疗养的时候,作为自民党总务会长的二阶俊博被自民党总裁安倍晋三任命为自民党干事长。而此时,他已经是一位 77 岁的老人,这也因此改写了自民党历任干事长在任年龄的纪录。安倍晋三这样评价他:"二阶俊博先生身经百战,是自民党里最具有政治艺术的人。"这话绝非冠冕堂皇的客套,二阶俊博上任不久,就展示出惊人的政治手腕,展现出过人的工作能力。

2016 年 8 月 3 日,二阶俊博在干事长上任的记者会上,开门见山地表示要尽快讨论自民党总裁任期延长一事。他说,"延长总裁任期,对日本来说是绝佳的机会。此前,日本政坛基本上是一年换一任首相,内阁也都是'短命内阁'。这对日本其实是一种长期性的伤害。安倍内阁是久违的长期安定政权。而在这个节骨眼上,与首相、总裁的更换相比,政治的安定性更加重要。特别是经济问题,需要稳扎稳打长期应对"。这里,二阶俊博并不完全是回报安倍晋三的启用之恩,而是希望解决日本现实政治的困境。自从小泉纯一郎内阁结束以后，日本就进入一年一首相时代，不仅自民党政权——安倍晋三、福田康夫、麻生太郎是这样，民进党政权——鸠山由纪夫、菅直人、野田佳彦也是这样。结果，国际社会形容日本政坛首相更替是"走马灯"，有些国家政府新闻发言人居然连连叫错日本首相的名字，闹了笑话。正因为这样，日本在国际社会上信誉持续下降，信用不断打折，本身处于经济低迷的日本遭受着重重打击，这正是二阶俊博最担心的。

在二阶俊博的大力推动下，自民党内迅速设立了"政治制度改革实行本部"，由自民党副总裁高村正彦担任负责人，成员涉及自民党内的各派人士，尤其值得注意的是，无派阀人士也占据了重要位置。2016 年 9 月的首次碰头会上，高村正彦提出了"三届九年"的个人提案。到了第三次碰头会，"政治制度改革实行本部"就决定按照提案修改党章，并且将在 2017 年 3 月的自民党大会上正式修改。务实强干的二阶俊博上任干事长不过两个多月，悬而未决的"总裁任期延长案"就有了干脆而有力的结果。

如果从设立讨论机构算起，还不到一个月！外界看到的仅仅是冰山一角，在这个重大变化背后，倾注着干事长二阶俊博的无数心血。这一行动，改变了自中曾根内阁以后持续多年的自民党总裁任期制。对于维护日本国内政治局势的稳定和经济的持续发展有着重要的意义。

对于如何稳定自民党政权的基盘，二阶俊博也有自己独到的做法。众所周知，如今的日本政权，是自民党与公明党联合执政的政权。如何对待执政伙伴，以往高傲的自民党是出过问题的。二阶俊博告诉笔者，"我现在是每个星期要和公明党干事长吃一次饭。我们不一定要商量什么事情，主要是聊天交流感情。对方如有什么不满和意见，在这个交流过程中一定会流露出来。我如果感觉到了，就会做好解释、说明、梳理工作。这个工作可以比喻成为'撒气工作'，不能让我们的执政伙伴把气积累起来。"因为二阶俊博经常像这样

3

做水面下的疏通工作,现在自民党与公明党的联合政权才会被称为是历史上最好的联合政权。

二阶俊博出任自民党干事长后,东京都知事选举狂飙突起。在日本47个都道府县知事的选举中,东京都知事选举最为引人注目。因为东京都不仅是国际大都市,更是日本的首都,在政治、经济、文化方面对日本有着重要的影响。有人说,东京都知事就是日本的另一位首相。出人意料的是,在竞选过程,原日本防卫大臣小池百合子虽然没有受到自民党的推荐,但还是勇敢地站了出来。她以独特的女性形象,以"清洁、廉政、绿色"为口号,撼动了选民的心。最后,自民党推荐的候选人败在小池百合子面前。问题是,小池百合子的党籍依然存在自民党本部,她还曾经在自民党政权中担任大臣,现在这种做法不是"自相残杀"、"无视党纪"吗?于是,世间纷纷预测,一场血雨腥风的"二阶俊博 PK 小池百合子"的战争就要兴起。但是,政治手腕老道的二阶俊博并没有出手,他面对媒体的追问,坦然地表示:"我们应该看到这是东京都民意的结果。所以,我们要尊重这个选择。"在二阶俊博的努力下,身为日本自民党总裁的日本首相安倍晋三也与小池百合子知事握手言和。

多年的首相连连更换,多年的政党轮换,让日本一些国会议员在不断的选择、跳槽中被边缘化了。他们有的从自民党中"跳槽"到民进党,而民进党成为在野党时,忠臣不事二主,在选民看来,他们就成了"叛徒",自然就失去了支持,等待他们的最终结果,不是勉强成为无党派议员,就是落选了。二阶俊博从自身的政治经历与经验出发,并没有把这些人看作是"背叛者",而看作是一种值得尊重和理解的选择。现在,他们成为政坛上的弱势者,二阶俊博并没有因此轻视侧目,反而一一找他们谈话、聚餐,询问他们是否愿意重新回到自民党中。二阶俊博"收买人心"的行为却引起自民党内部的一些人的不满,认为二阶俊博的这种做法在未来会影响到他们在选区的影响,但二阶俊博坚持认为这种重新"收编"的做法对于化解反对势力、强化自民党基盘十分重要。此后安倍晋三内阁一直维持着罕见的较高支持率，就与此有关。

2016 年 12 月 31 日，身为自民党干事长的二阶俊博没有像其他国会议员那样回到老家准备迎接新年，而是直接奔赴新潟丝鱼川市火灾现场。总务省消防厅把 12 月 22 日发生的这次火灾，定为过去 20 年来除地震及海啸以外最重要的一起灾难。由于日本实行地方自治制度，出现自然灾害的时候，地方政府要承担主要的救灾之责。但是，这次情况特殊，受灾程度大，损失严重。二阶俊博认为不能扯皮，面对现实，主张对丝鱼川市适用《灾害救助法》。几经努力，这个建议先后在自民党和政府处获得同意，二阶俊博在"大年夜"赶到丝鱼川市，向灾民宣布救灾措施，赢来了连连的呼喊声，灾民们用"我们一起加油"的口号表达出对二阶俊博采取一系列应对措施的认可和感激。

2017 年 1 月 2 日到 5 日，笔者到二阶俊博的家乡和歌山县采访，在笔者采访的所有人当中，几乎都在谈二阶俊博政治的一个"和"字。在他的后援会上，笔者听到这样的说法："二阶俊博先生现在的一举一动，都已经成为日本社会的重要新闻。"自豪之情不言而喻。

当然，作为中国记者，我更为关注二阶俊博的对外政策。我看到他出任干事长后曾前往越南河内，出席"日越大学"的开办仪式，表示日本要为越南培养建设发展人才。我看到他派遣自己的儿子二阶伸康前往印度尼西亚，参加东南亚国家青年干部培训会议，要为那里培养一代俊秀。我问他对日本首相安倍晋三对华政策的看法，他说："安倍晋三曾经说过，因为二阶俊博在，我们的对华关系就不会出现大的问题，我就安心。"我继续追问，在 2017 年这个中日邦交正常化 45 周年的重要节点，您对中日关系有什么新的想法吗？二阶俊博微微一笑，说："日本应该支持中国'一带一路'的战略构想。"

二阶俊博为什么能够走上日本政坛？二阶俊博为什么在日本政

坛被称为"最后的党人"？二阶俊博为什么被称为日本执政党首屈一指的"亲华派"？二阶俊博"亲华"的历史渊源在哪里？欲寻答案，请您翻开下一篇章，走进二阶俊博的世界。

2015 年 5 月，笔者蒋丰（右）与二阶俊博（左）在北京故宫

第一章

与邻为善——民间破冰的"操盘手"

一、三千友邻聚京城

中国传统节气"小满",宽厚的华北平原滋养出渐渐饱满的麦穗,满眼的绿色孕育着无尽生机。2015 年 5 月 23 日晚,北京。雄壮巍峨的人民大会堂张灯结彩,喜气洋洋。一场 3000 多名日本人参加的"中日友好交流大会",在这里隆重举行。交流大会结束后,中国官方主流媒体纷纷以"近年来中日民间交流的一件大盛事"来记录这一历史时刻。

笔者参加了这场盛事,亲身体验了这次充满悬念的奇妙交流之旅。当天下午 3 点多,由 3000 多日本人组成的"日中文化观光交流团"同时从北京十多家酒店出发,他们上了观光大巴后才各自拿到"请柬"。这份代表着入场身份"请柬"最大的特点之一,是没有写明"中日友好交流大会"的主办单位。这,让许多日本人心生好奇。他们当中的许多人,此前曾来中国参加过多次"中日友好交流大会",也算是"老熟人"了。他们知道,此前这样的活动,有的主办单位是北京市人民政府,有的主办单位是中国人民对外友好协会和中日友好协会。这次,为什么没有主办单位呢?

下午4点10分,3000多名日本人陆续进入人民大会堂会场。但是,当时针渐渐指向"请柬"上写明的时间下午6点时,仍然不见大会将要开始的迹象。一些日本客人隐隐露出焦躁不安的情绪。他们有的好奇为什么到点还不开会?有的关切中国国家主席习近平今天会不会前来参会?在日本组团报名的时候,他们得到的消息是"中国国家主席习近平可能参会"。结合中日关系现状,他们各持其理,各出其言,既期盼又迟疑地推测着习近平主席是否到会。

6点半钟。当主持人宣布"中国国家主席习近平现在进入会场"的时候,几百桌围桌而坐的日本客人按捺不住内心的激动,纷纷起立,面向主席台长时间热烈鼓掌。习近平主席满脸微笑,站在主席台上向他们频频挥手致意。

我目睹的情景是:214号桌以及邻近的212号桌以及216号桌的日本客人,有的眼睛潮湿红润了,有的干脆拿出手绢擦拭盈眶的热泪。还有人更是从口袋里拿出早已准备好的望远镜,要把习近平主席看得清晰一些、再清晰一些。我明白,我眼前所见到的情景是日本客人情感的自然流露,身处其中,一点儿也不觉得煽情。我理解,这些日本客人应该是长期推动中日友好的人,应该是近年来为中日关系恶化深深地感到不安的人,应该是为中国最高领导人亲自到会为破解中日关系难局而努力感到欣慰的人。我知道,有人会质疑,这些日本客人不属于日本社会的主流。我则想回答说,是的,这些日本客人或许不完全代表日本社会的主流,但他们可以影响日本社会的主流,他们不是日本民众的全部,但他们属于日本民心、民意、民愿的一部分。习近平主席亲自参加"中日友好交流大会",赢取了日本民众之心!

日本媒体计算出精确的数字，习近平主席在大会致辞，用了9分30秒。3000名日本人见证了：大会主席台上，日本自民党总务会长二阶俊博把带来的日本首相安倍晋三的亲笔信转交给习近平主席。

中国有句老话，"锦上添花易，雪中送炭难"。在中日关系遭遇寒流的特殊时期，最需要知难而进的探路者和自觉肩负起民族历史责任的信使。正是因为这样，有人把发起这次3000名日本人访中活动的二阶俊博称为新时期中日关系退滞时的"破冰人"。

二、经冬历霜育新枝

些许沙砾，幻化成美丽珍珠。历史长河中，有些细节，令人难以忘怀。

2014年10月19日，我作为日文版《人民日报海外版日本月刊》总编辑前往位于东京的日本自民党总部，如约采访被称为日本自民党中央"三驾马车"之一的总务会长二阶俊博。席间，二阶俊博先生对日本与中国、韩国关系陷入僵局表示忧虑。他思深忧远地说："国家与国家之间的关系，如果高层交流中断了，就会出现问题；如果民间流中断了，就会出现更大的问题。所以，无论如何，都要促进民间的人员交流"。他不是口头说说，旋即还给出切实的措施，这是他精研覃思的结果："日本与韩国、中国之间的人员交流已经不是去一些游客就可以满足的了，也不是去一个一百人或者几百人的观光团就能够满足的了，应该积极组织千人以上的交流团。我明年1月份准备去韩国访问，就想带一个1000名日本人观光团过去。我还想在春季访问中国，带着3000名日本人过去。"

当时，北京即将举办国际盛会之一——亚太经合组织非正式领导人会议。围绕着中国国家主席习近平是否会见前来参会的日本首相安倍晋三，中日外交层面还在进行着艰难的交涉，中日关系如同在冬日寒风中瑟瑟摇晃。于是,我有意识地问:"您真的能带 3000 日本人访问中国吗?"没有想到,同时还担任日本全国旅行业协会会长的二阶俊博当着我的面,立即拿起手机,给日本最大的旅行公司——交通公社的老板打电话,简明扼要地叙述自己的想法后直接发问:"你能不能帮我组织 3000 名游客?"几乎没有停顿,他关上手机,颇为得意地对我说:"对方答应了,说没有问题。"

出人意料的是第二天下午。我正在位于横滨的日产公司采访时,突然接到了二阶俊博用手机打来的电话,他说:"你这个《人民日报海外版日本月刊》的总编辑影响力真大。今天,自民党本部很多人来问我,是不是要带 3000 人去中国访问? 我告诉他们:是,我就是要带着 3000 人去中国访问。"原来,在采访的当天,我在新浪微博上披露了这个消息,没有想到这个消息立即震惊了日本自民党总部。

2015 年 11 月 26 日,日文版《人民日报海外版日本月刊》在东京举行纪念创刊三周年酒会。二阶俊博送来了一个大花篮。更意外的是,晚上 6 点钟,二阶俊博匆匆赶到现场。他兴致勃勃地登上讲坛,在致辞中讲述了这段故事,然后幽默地告诉与会者:"今天,我来参加这个酒会,事先没有写在日程上。结果,出门的时候,就有人问我;'你去哪里?'我告诉他:'我去中国。'哈哈,他们以为我打算潜逃去中国了呢。真的,春天的时候,我准备带领 3000 名日本人去中国访问。"话音刚落,全场满是会意的笑声、意外的惊呼和热烈的掌声。这是二阶俊博第一次在公开场合正式宣布将要组织 3000 名日本人到中国访问的计划。

二阶俊博伸出的橄榄枝后,很快就得到了回应,中联部、外交部、中国驻日本大使馆、中国国家旅游局积极推动此事。2015 年 1 月,二阶俊博率领 1400 多名日本人访问韩国,获得韩国总统朴槿惠的会见,迈出了改善日韩关系的重要一步。这也让二阶俊博对率领 3000 名日本人访华计划的落实更有信心。2015 年 3 月,二阶俊博到中国海南省参加博鳌论坛期间,认真地向参会的中国国家主席习近平介绍了自己的计划,习近平主席当场高兴地说:"两国民间同行的交流非常重要,我们很欢迎!"

"寒随一夜去,春逐五更来",用温柔的笔触续写新的篇章。就这样,被中国官方媒体称为"近年来中日民间交流的一件盛事"的3000多名日本人参加的"日中观光文化交流团"终于在如花如歌的2015 年 5 月成行。

三、主席讲话推波澜

"中日友好交流大会"开始后,习近平主席发表了热情洋溢的讲话。中日两国的政界、外交界和学界都已经将这个讲话作为习近平"日本观"之一加以关注和研究,笔者认为我们很有必要在此就做全文转述。习近平主席这样讲道——

各位来宾,各位朋友:

大家好! 2000 多年前,中国的大思想家孔子就说,有朋自远方来,不亦乐乎。今天,3000 多位日本各界人士自远方来,齐聚北京人民大会堂,同中方一道举办中日友好交流大会。这是近年来两国民间交往的一件盛事,也让我们感到十分高兴。

首先,我代表中国政府和人民,并以我个人的名义,对各位日本朋友来访,表示热烈的欢迎! 我还要通过你们,向广大日本人民,致以诚挚的问候和良好的祝愿!

中日一衣带水,2000 多年来,和平友好是两国人民心中的主旋律,两国人民互学互鉴,促进了各自发展,也为人类文明进步作出了重要贡献。

一个多星期前,印度总理莫迪先生访问了我的家乡陕西省,我在西安同他一道追溯了中印古代文化交流的历史。隋唐时期,西安也是中日友好往来的重要门户,当年很多来自日本的使节、留学生、僧人在那里学习和生活。他们中的代表人物阿倍仲麻吕,同中国唐代大诗人李白、王维结下深厚友谊,留下了一段动人佳话。

我在福建省工作时,就知道17世纪中国名僧隐元大师东渡日本的故事。在日本期间,隐元大师不仅传播了佛学经义,还带去了先进文化和科学技术,对日本江户时期经济社会发展产生了重要影响。2009年,我访问日本时,到访了北九州等地,直接体会到了两国人民割舍不断的文化渊源和历史联系。

近代以后,由于日本走上对外侵略扩张道路,中日两国经历了一段惨痛历史,给中国人民带来了深重灾难。上世纪70年代,毛泽东主席、周恩来总理、邓小平先生和田中角荣先生、大平正芳先生等两国老一代领导人,以高度的政治智慧,作出重要政治决断,克服重重困难,实现了中日邦交正常化,并缔结了和平友好条约,开启了两国关系新纪元。廖承志先生和高碕达之助先生、冈崎嘉平太先生等一批有识之士积极奔走,做了大量工作。

历史证明,中日友好事业对两国和两国人民有利,对亚洲和世界有利,值得我们倍加珍惜和精心维护,继续付出不懈努力。

各位来宾、各位朋友!

邻居可以选择,邻国不能选择。"德不孤,必有邻。"只要中日两国人民真诚友好、以德为邻,就一定能实现世代友好。中日两国都是亚洲和世界的重要国家,两国人民勤劳、善良、富有智慧。中日和平、友好、合作,是人心所向、大势所趋。

中国高度重视发展中日关系,尽管中日关系历经风雨,但中方这一基本方针始终没有改变,今后也不会改变。我们愿同日方一道,在中日四个政治文件基础上,推进两国睦邻友好合作。

今年是中国人民抗日战争暨世界反法西斯战争胜利70周年。当年,日本军国主义犯下的侵略罪行不容掩盖,历史真相不容歪曲。对任何企图歪曲美化日本军国主义侵略历史的言行,中国人民和亚洲受害国人民不答应,相信有正义和良知的日本人民也不会答应。前事不忘,后事之师。牢记历史,是为了开创未来;不忘战争,是为了维护和平。

我们认为，日本人民也是那场战争的受害者。抗日战争结束后，中国人民以德报怨，帮助百万日侨重返家园，把数千名日本战争遗孤抚养成人，显示了中国人民的博大胸怀和无疆大爱。

今天，中日双方应该本着以史为鉴、面向未来的精神，共促和平发展，共谋世代友好，共创两国发展的美好未来，为亚洲和世界和平作出贡献。

各位来宾、各位朋友！

中日友好的根基在民间，中日关系前途掌握在两国人民手里。越是两国关系发展不顺时，越需要两国各界人士积极作为，越需要双方加强民间交流，为两国关系改善发展创造条件和环境。

"青年兴则国家兴。"今天在座有不少青年朋友。中国政府支持两国民间交流，鼓励两国各界人士特别是年轻一代踊跃投身中日友好事业，在交流合作中增进理解、建立互信、发展友谊。

前人栽树，后人乘凉。我真诚期待，两国青年坚定友好信念，积极采取行动，不断播撒友谊的种子，让中日友好长成大树、长成茂密的森林，让中日两国人民友好世世代代延续下去！

最后，预祝本次中日友好交流大会取得圆满成功，祝各位日本朋友在华期间过得愉快！

谢谢大家。

四、宾主互答尽欢颜

在习近平主席讲话之后，二阶俊博也发表了充满感情的致辞——

尊敬的习近平主席、汪洋副总理、杨洁篪国务委员、国家旅游局李金早阁下，各位参会的嘉宾：

超过3000人的日中友好交流团能够得到如此热情的接待，我表

2015 年 5 月，二阶俊博在中日友好交流大会上致辞

示衷心感谢。3 月末，我参加博鳌论坛期间，有幸与习近平主席见面。习近平主席对于访问团"非常欢迎"的表态，让我感动。在这种支持与鼓励下，日本各地、各界志同道合的人聚在了一起，并最终实现了这次非常充实而有意义的访问。这么高规格的交流会，习近平主席还亲自出席，令我们深受感动。感谢中国政府对此予以的重视和支持。

日中友好关系能够走到今天，不被政治关系左右的人与人的关系，是重要的基石。日中关系的根基在民间。正是基于这种信念，不管是日中关系好的时候还是不好的时候，我都与志同道合的人一起，尽全力推动两国的观光交流、地方交流、青少年交流、防灾方面的技术合作等。

此次超过 3000 人的访华团也是基于这种信念作出决断，每个人都是从内心出发积极参团，我们这个访问团因此具有了"民间大使"的意义。以众议院议院运营委员长林干雄为首的 23 名各党派国会议员，也利用国会开会期间的周末空闲参加了访华团。此外，北海道知事高桥晴美、福井县知事西川一诚、奈良县知事荒井正吾、埼玉县知事上田清司等各地行政首脑也踊跃报名参团，让此次访问团在促进日中议会交流与地方交流方面具有了非常重要的意义，也显示出日本各界人士对推动两国交流展现出来的热情。

无论什么时候，我们都不能中断这种交流。特别是文化交流在两国交流中占有最重要的位置。今年10月，日本NHK交响乐团将在北京的国家大剧院举行公演，奏响日中友好的音乐。刚刚我与中国文化部的干部一起参加了签约仪式。此外，亚洲自然灾害多发，我一直在推进亚洲各国之间的防灾合作。中国是亚洲最重要的国家之一，我希望习近平主席与中国干部能支持这项工作，提倡将11月5日定为世界海啸日，衷心感谢。

作为发展中日友好关系的一环，推动青少年的交流工作也很重要。正如习近平主席所说，青少年是未来的创造者。此前，我们在遭受重大灾害时，中国伸出了温暖的援助之手，邀请500名日本灾区学生赴海南岛休养交流。我们非常感谢中国政府的盛情邀请，组织了第一批百名学生前往。处在消沉之中的日本学生从仙台搭乘飞机赴海南岛，受到了中国各界人士无微不至的关怀与照顾。在海南岛灿烂的阳光之下，孩子们恢复了往日的活力，脸上露出了久违的笑容。我从日本各地的知事那里了解到，从中国前往日本各地访问的青少年还比较少。因此，我想推动日本同样邀请500名中国青少年访问，让孩子们来播下两国友好的种子。

二阶俊博的发言说出了与会人员的心声，会场响起了热烈掌声。二阶俊博接着说：

谢谢大家。这么多人赞成，看来我们更需要尽全力继续推动两国民间交流。在习近平主席为核心的中国各界支持下，日本要与中国一起，共同开创日中关系的新时代。延续两国世世代代、子子孙孙的和平友好，是我们的使命。我将与大家一起，全力实现这一目标。我向为此次访问团付出心血的两国所有人士表示衷心感谢。习近平主席百忙之中亲自来到会场,这一点我们将铭记在心。我们誓将努力奋斗,实现实行习近平主席刚刚的讲话宗旨。

就如习近平主席所说,日中关系能够拥有今天的局面,是两国一代代有识之士共同创造的。他们在其中付出的艰辛努力,我们应该牢记。与藤山爱一郎先生、古井喜实先生这些前辈为两国关系作出的奉献比起来,我们还差得很远。现在,我们首先要明白这一点。今后,让我们一起努力,为日中友好拼尽全力,为两国关系开创更美好的未来。谢谢大家!

五、会后采访坦胸襟

2015年5月24日,中国的主流媒体新华社、《人民日报》、《解放军报》都发表了《习近平出席中日友好交流大会并发表重要讲话》的报道,全文刊登习近平主席在中日友好交流大会上的讲话内容。日本自民党总务会长二阶俊博也在北京出席了中日媒体记者招待会,开诚布公地介绍了情况。

——您怎么评价此次中国访问团,感觉到了接待方中国的变化吗?

二阶俊博:日本各界、各地人士都有改善日中关系的强烈愿望,为此我们组成了此次3000人规模的日中观光文化交流团,实现了访华之旅。参加此次访华团的人员都是遵从自己的真实意愿,每个人都是"民间大使"。我想,这正是访华团的意义所在。我已经组织了5次同样宗旨的访华团。这次访华团也是为了确认日中关系的现状。我在中国所有地方再次感觉到,日中关系与以前没有太大的变化。特别是23日在人民大会堂举办的"日中友好交流大会"上,习近平主席亲自出席,在发言中表明了中国重视日中关系发展,这一基本方针不会变化的态度。我相信,今后日中关系还会取得大的发展。此次访华行程中，日中双方共同举办了各种各样的观光、文化活动，我自己也向中国的相关负责人提出了各种方案，获得了具体的成果。比如防灾方面的合作、特别是将 11 月 5 日定为"世界海啸日"，得到了中国各界人士的支持。此外，从加强青少年交流的角度出发，我们还发表了征集 500 名中国儿童访问日本的计划。虽然这都是一些很细的事情，但是从能做的事做起，对于推动日中关系发展非常重要。一次有 3000 多人来访问，这是非常大的数字，在中国方面的帮助与安排下，这么大的访问团能够一切顺利地完成各项行程，非常感谢。今后，我将以此次访华成果为基础，踏实推进各个项目。

——习主席亲自参加交流大会，是什么时候决定的，为什么参加？

二阶俊博：我们是民间交流的访华团，自己从来没有想到要与谁见面，也没有预定要与谁见面。结果，习近平主席亲自出席了交流大会，让我们很受鼓舞。对于中国方面出席的领导，应该是在繁忙的日程中挤出的时间。无论是什么样的情况，习近平主席能够出席 3000 多人参加的"日中友好交流大会"，并发表具有重大意义的演讲，让我们感慨颇深。习近平主席在演讲中说，中国重视发展两国关系，这一基本方针没有改变。他还强调，两国要像邻居一样，推进彼此友好与合作。我认为，这表明了习近平主席对日中关系的重视，希望推进中日友好。今后，我们也将与习近平主席一起努力，推动两国关系，并把两国友好的接力棒传到下一代手中。

——习近平主席接受安倍首相亲笔信时是什么样子？ 安倍首相接到报告是什么反应？ 您感觉，现在习近平主席与安倍首相的关系如何？

二阶俊博：安倍首相非常希望推动日中友好，所以向我们访华团交付了亲笔信。此次，我在 3000 人访问团面前，向习近平主席亲手转交了这封信。对此，习近平主席在发言中表示，重视安倍首相的亲笔信。我在北京通过电话向安倍首相汇报了情况。安倍首相表示，非常期待与习近平主席的会谈。我感觉，自己取得了一定的成果。今天下午，我将直接向安倍首相详细报告。我期待，在两国领导人的信任关系下，今后日中关系能够更上一层楼。

习近平主席希望推动两国战略互惠关系能够扎实前进，他还让我转达"向安倍首相问好"。在交流大会的致辞里，习近平主席还呼吁促进两国民间交流。另一方面，习近平主席在讲话中也表明了中国历届政府的立场：对任何企图歪曲美化日本军国主义侵略历史的言行，中国人民和亚洲受害国人民不答应，相信有正义和良知的日本人民也不会答应。

针对习近平主席讲话中有关日本历史认识的表态，二阶俊博认为，习近平主席的讲话不能割裂来看，要注意整个讲话的主旨。很明显，这个讲话主要是为了向日本传达中国重视日中关系、希望推进日中友好的意愿。

几乎与此同时，日本内阁官房长官菅义伟也在 5 月 25 日的记者招待会上表示，感谢习近平主席的讲话，这是推动日中关系发展的发言。菅义伟对二阶俊博率领的访华团给予了积极的评价："这是非常有意义的访问团，希望日中以战略互惠关系为基础，让两国关系取得进一步发展。"

经济同友会的代表干事小林喜光则在 5 月 25 日的记者招待会上表示："习近平主席能够亲自接待访华团，是过去不可想象的。这说明日中关系进入非常重要的积极局面。"

返回日本后的 5 月 27 日，二阶俊博在首相官邸，向首相安倍晋三汇报与习近平见面的相关情况。此后，二阶俊博回答了记者团的提问。

——您汇报的内容有哪些？

二阶俊博：首相已经了解了习近平主席讲话的内容，掌握了信息，非常高兴。我也向他报告了邀请 500 名中国青少年来日本访问的事情。这 500 名中国青少年会访问首相官邸。首相爽快答应与他们会面。首相鼓励我，要与公明党、民主党等各党一起，为解决日中之间的问题共同努力。

——首相的反应怎样？

二阶俊博：我认为，对于还处于艰难局面的日中关系来说，此次的 3000 人访问只是越过了一座山，应该继续向前进。首相也是同样的看法。

——首相有什么样慰劳的话？

二阶俊博：我对首相的反应感觉很满足。

——首相有谈到历史问题吗？

二阶俊博：历史问题只是习近平主席讲话中的一部分。只盯着这一部分，就什么事都做不成。希望媒体的各位朋友也和我们一起，为改善日中问题而努力。

——首相对于改善日中关系的意愿怎么样？

二阶俊博：首相说，大家一起努力！公明党、民主党也一起听取了报告，气氛非常好。大家站在各自的角度，继续为改善日中关系非常重要。

——今后，您将怎么做？

二阶俊博：此次访华团的成功，受到了各方面的积极评价。我也确信，这是一次非常有意义的访问，今后我将继续努力。媒体的朋友们对此次访华给予了很大的支持与帮助，在此我表示感谢。

3000 人访华团返回日本后，二阶俊博还就自己对中日关系的观点与看法接受了媒体专访，并刊载在 2015 年 6 月 27 日的日本主流媒体之一——《朝日周刊》上。

——您在日中关系的危险时期组团访华，出于一种什么样的想法？

二阶俊博：现在的中日关系究竟是什么样的，我一直在思考。是不是有谁按错了开关。我们必须朝着修复日中关系的方向努力。因此我自己去中国，与中国高层领导人直接会面，直接对话，搞清楚情况。

——情况怎么样？

二阶俊博：此次我到了北京，瞬间就发现"日中关系处在险恶之中"的观点有偏差。中国方面什么都没有变。我们总是往坏处想，认为日中关系的艰难时代到来了。实际上，中国方面没有变化。这次日中交流就进行得很顺利。

——但是，由于领土问题、历史问题等，中国对于日本的舆论正在变得相当恶化。

二阶俊博：但是，日本没有中国可以吗？中国没有日本可以吗？如果问自己这个问题，就很容易得出答案。如果两国结束友好局面、开始战争，谁最倒霉？是两国的国民。现在，日本没有战争的准备，也没有为此进行军备的准备。自卫队虽然每天艰苦训练，但是能与军力强大的美国、中国较量吗？

——现在确实很难。

二阶俊博：既然日本没法与中国开战，就只能选择与中国和平相处。而日中的和平相处之道，必须从文化、体育、青少年交流等方面下工夫。习近平主席对我说，邻居可以选择，邻国是不能选择的。有德不孤。我非常赞同这一点。我们也必须在这种思维下推进日中友好。中国重视礼仪礼节。日本在与中国相处时，应该尊重中国。"有朋自远方来，不亦乐乎"。在处理日中关系时，我会将这句话铭记于心。从政多年我见过很多选举，如果与邻居的关系没有处理好，连町里的议员都选不上，更别说走向更高的。国际社会也是同样的道理。如果与邻国处理不好关系，要实现自己的外交政策也是举步维艰的，我们都应该明白这个道理。因此，处理好与中国的关系，对于日本的重要意义不言而喻。

六、再忆盛会展未来

2016 年 12 月 23 日下午，我们在位于东京大仓饭店的"铃兰"客室，与已经成为日本自民党干事长的二阶俊博先生再次回忆起 2015 年 5 月的 3000 名日本人北京之行。

窗外依然是寒冷的冬日景象，但是经过了两番春耕秋收，此时的心境，与 2014 年第一次提起 3000 人访中的计划时，已经大不相同。谈起往事，二阶俊博有无限感慨。他非常坦诚地告诉我们，以往，他曾经多次率领人数众多的"日中文化观光交流团"到中国访问。但是，这次文化观光交流团意义非同一般。过去他带团去的时候，中日关系都还处在相对顺畅的时候，而这次则是在中日关系的低潮时期，甚至可以说是冰冻时期。回顾中日关系的历史，特别是 1972 年中日邦交正常化以后的历史，中日关系陷入交流缓滞的冰冻状态，也不是一次两次了。不同的是，过去，打开这种冰冻状态，都是靠两国领导人的努力，通过高层互访来融冰释冻的。现在，时代已经发生了变化，特别是传播状态发生了改变，两国关系进入冰冻状态，直接影响的不仅仅是两国的高层，也不仅仅是两国的政界、经济界，而是直接影响到普通国民百姓的感情。在网络传播时代，国民百姓如果不能了解全面的情况，偏听偏信网络上的只言片语，反而会让自己的感情更加偏执，影响自身对邻国的理解。因此，他认为新时代中日关系的融冰释冻，应该从国民百姓开始。他非常欣赏习近平主席经常提到的，"国之交在于民之亲"，如果国民百姓之间没有了亲近感，都是冷漠的心态，那就要出现大麻烦。

二阶俊博还告诉我们："我也曾有过担心，这次预定带 3000 人到中国去会有这么多人报名吗？因为这需要通过各个旅行社、各个民间团体来办理手续，是一个相对繁琐的过程。结果，仅仅用两个月的时间,报名人数达到 3600 多人。从这里,我看到日本人内心希望与中国友好相处的心愿。到中国以后,特别是在北京参加"中日友好交流大会"以后,我们的日中文化观光团分组为 80 多个分团,分别前往北京、天津、河北、辽宁、上海、广东、贵州等地参观游览,同样都受到热烈欢迎,让我们再次感受了中国民众对日本民众的热情。也让我感到以往多年对华关系的各种努力不但没有白费,而且还已经生根结果,在冰冷的冻土之下,这种友好的根在默默生长!"

在这次采访结束的时候,二阶俊博郑重地对笔者说:今后,只要有可能,我就还会带领大型日本民间的、青年的文化观光团前往中国。2017 年是中日邦交正常化 45 周年的日子,2018 年是《中日和平友好条约》签订 40 周年的日子。在这样重要的历史时刻,都应该有大型的中日两国的民间往来活动。

"寄语洛城风日道,明年春色倍还人。"我们怀着乐观的态度期待着,一个大手笔的中日民间交流和旅游活动又在酝酿之中。

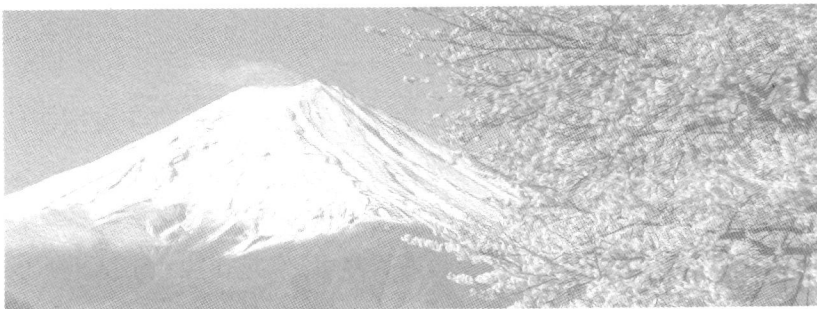

第二章

中日"观光外交"的助推人

其实,2015年的3000多人"日中观光文化交流团"并不是二阶俊博第一次组织的大规模访华活动,在此之前还有过更震撼的数字。他一直推动中日交流的开展,躬行实践自己对于中日"观光外交"的认识。

二阶俊博在接受笔者采访时曾这样说,"在我的心中,一直有这样两个想法。一个是日本社会的发展可以有各种各样的路径,但'观光立国'应该是其路径之一。另一个是日本对华外交可以包括各种各样的内容,但'观光外交'是不可缺少的。从历史上看,日本在战后搞过'技术立国'、'科学立国'、'贸易立国'等等促进国家发展的政策方针,但是,一直没有把'观光立国'考虑在其中。当然,这与日本战后经济复兴都是紧密相连的。当日本的经济发展到一定水平时,当日本有信心推动自身的文化与世界进一步相互交流和融合的时候,当日本认识到大力发展观光事业这样一项'和平事业'非常必要的时候,当日本意识到发展观光事业也可以给自身经济带来新的增长点的时候,'观光立国'就作为一项国策写入日本的发展计划。"

二阶俊博还说,"我长期从事与中国的交流工作,也积极推动日本与中国的各项交流事业。在日本对华外交中,政治、经济、军事、文化、社会方方面面的内容很多,但'观光外交'常常是被人忽视的。其实,观光,绝对不是一种简单地看看风景,它是在践行中国古典的名言,'百闻不如一见',无论你读了多少书,如果不到自己想要了解的国家去亲自看看,不踏上他的土地亲自观光一番,你就不会对这个国家有彻底的了解。很多时候,一次观光,并不能就了解了这个国家。真的是需要通过多次观光,才能逐渐了解这个国家,才能够做到过去中国王阳明所说的'知行合一'。民众之间这种相互往来观光的增多,就一定会改变国民对邻国的认知。这种国民感情和认知的改变,一定会影响政府的对外政策。所以,'观光外交'是一定要推进的。"

一席话,一番思路,展示的是一段泽被后世的外交轨迹,一位日本政治家言能践行的品格和志存高远的追求。

一、道路相通情谊长

那还是世界进入新千年——2000 年元旦过后不久,第一次进入内阁并且出任日本运输大臣的二阶俊博就带着这样的想法来到中国北京,与中国国家发展改革委员会主任曾培炎、中国交通部部长黄镇东、中国国家旅游局局长何光伟、中国民航总局局长刘剑锋、中国铁道部副部长孙永福等进行会谈。看看这会谈的阵容就可以知道,话题是涉及多方面的,其中之一就是如何进一步扩大中日两国友好交流暨观光旅游问题。

在恢复邦交正常化的几十年来,中日友好交流存在一个循序渐进的发展过程。笔者是 1988 年 8 月以自费身份到达日本留学的。那个时候,中日两国经济发展存在巨大落差,落差有多大呢? 差距到日本人可以自由到海外留学旅游,而普通中国人却根本不知道海外旅游为何物,就是自费前往日本的留学生,也最多只能携带国家允许兑换的 8000 日元。那个年代,普通中国人去"日本旅游",简直是比当年鉴真东渡还要充满艰难险阻的事情。

中国改革开放之后,打开国门,成果之一是迎来外国游客,送出公费的和自费的留学生。转眼多年过去了,中国经济的腾飞由此带来的效应,身在其中的中国人自己或许还没意识到,邻国日本已经注意到了。就在 1999 年,日本悄然将中国指定为"国民可以观光为目的前来的国家",并且不动声色地开始面向部分中国公民适当发放"旅游签证"。是的,千万不要小看这种"面向部分"的"旅游签证",因为从 1972 年中日邦交正常化至此,日本对中国只有"商务签证",所有进入日本境内的中国人,都必须由邀请单位出具保证材料。这个材料的核心内容说穿了,就是要"担保"邀请来的中国人能够按时来按时走。今天许多中国人听起这段往事,或许像是听到天方夜谭一样,感到匪夷所思。我们庆幸历史总是这样不断发展,不断进步的。难以置信的往昔都会成为明日黄花。当时,尽管出台了向符合条件的中国人发放"旅游签证"的政策,但日本外务省、法务省、警察厅等部门并不积极,在他们的旧认识里,非常担心中国人通过旅游签证入境后非法滞留成为"黑户口",他们要求制定配套的相关法律法规,要求有具体可以操作的防范措施。日本向中国打开了"旅游大门",但这扇大门并非豁然敞开,而是处于一种"犹抱琵琶半遮面"的扭捏状态。

带着对这些现状的寻思回虑,身为运输大臣和日本全国旅行业协会会长的二阶俊博造访了位于北京长安街的中国国家旅游局,他在与何光伟局长的会谈中提出这样的建议:"为了吸引中国游客,日本国际观光振兴会、旅行业界和航空业界、地方政府共同合作,在北京开展一个专门介绍日本的'日本日'活动怎么样?"何光伟局长当即拍板,表示欢迎,并承诺竭力相助。很快,二阶俊博与何光伟局长就如何实施中国团体游客访日计划达成了共识。

时任运输大臣二阶俊博与时任中国国家旅游局局长何光伟签订推动中国民众赴日旅游的协议

为了更好地推动中日旅游交流这一意义深远的事业,二阶俊博想先进行一场"热身活动",他考虑组织一个"日中文化观光交流使节团"做先行使者,带动气氛。那段时间,中日两国关系处于"淡季",基本没有什么大型交流活动。二阶俊博内心萌生了一个石破天惊的念头:不搞则已,要搞就搞规模大一点的,组织一个2000人规模的访华团,在北京人民大会堂同中国人民一起纪念千禧年。在完美的开场之后,再将2000人分成每40人一个分团,组成50个分团,由分团长出面协议,征求旅行业专家的意见,在中国各地以分团形式开展友好亲善活动。

二阶俊博相信,"以这样一种前所未有的形式,可以为日中交流的新时代拉开春天的帷幕。如果此行可以顺利进行，日本就有望进一步放宽对中国人的旅游签证。"他对身边的人说，中国有 13 亿的人口，即便是 10%的中国人来日本旅游，就相当于日本的总人口。相信两国民众的频繁交流，能够改变中国人对日本人的印象，感觉到"日本国民很宽厚友爱，是和我们中国人一样热爱和平的人"。

1 月 14 日上午，在从北京回到东京的第一个内阁阁僚会议结束后，二阶俊博就出面举行新闻发布会。他明确表示，日本将在中国北京、上海、广州三大城市面向中国团体游客发行旅游签证。他说："我们要在樱花盛开的季节接待第一批来自中国的团体游客，外务省、法务省、警察厅有一些担心，认为这样做会为非法就劳的中国人打开一扇窗户，但我认为这些担心都是多余的，日中两国政府一定可以共同商讨出一个解决方案。"为此，他决定让运输省带头推进。

3 月 10 日，"草长莺飞二月天，拂堤杨柳醉春烟"的申城，被二阶俊博誉为"海上新干线"的日本高速游轮 TECHNO—SUPERLINER（TSL）徐徐驶入上海黄浦码头。当地各界人士在码头迎接这位高富帅的"东瀛使者"，场面十分热闹。这艘高富帅的邮轮是日本政府投入 165 亿日元，用了 7 年时间开发制作的高速水翼复合船，事后卖给静冈县，静冈县政府又投入 19 亿日元，将其"精装修"成一艘抗震船，平时作为观光邮轮在清水港和伊豆的下田之间穿梭往返。1 月访华时，二阶俊博亲自向中国交通部长黄镇东请求协助。然后，以日本运输省"借用"这艘邮轮的名义，终成此行。

"不积跬步，无以至千里"，成就大事者更需要一步一个脚印的踏实践行。身为日本运输大臣和日本全国旅行业协会会长的二阶俊博遵守承诺，动员日本全国旅行业协会属下的 580 家旅行机构，发出募集 2000 名日本游客的宣传单。或许是出于对中国文化的喜爱，或许出于对二阶俊博的尊重，或许出于旅行社的卖力宣传，报名的游客人数迅速达到 2000 人以后，仍然直线上升，很快达到了 4000 人。二阶俊博长舒一口气，脸上露出了笑容。作为一位有历史责任感的政治家,二阶俊博深深地明白"一言九鼎"的道理。这个时候突然出现一个有趣的小插曲,有人委婉地告诉二阶俊博,在中国传统文化里面,"4"这个数字有点不吉祥,许多中国人是不喜欢的。二阶俊博沉吟片刻,微笑着说:"那我们就继续努力,争取 5000 人吧。"结果呢,最后报名者爆棚,达到 5200 人,比追加计划还多出了 200 人。

二、五千来宾创纪录

2000 年千禧年的暮春 5 月。北京,这座历经千年风雨的古城,敞开宽阔的胸怀迎接 5000 多名日本游客。我们也许忘记早在 1984 年,北京曾经迎接过 3000 名日本青年访华团,以当时中国的国力和接待能力,是相当吃力的。许多政府机关的内部招待所不得不参与进来。不过,16 年过去了,开启又一个时代篇章的北京变得从容有余,旧貌换新颜,喜迎东瀛客。

5 月 19 日,以二阶俊博为特别顾问、日中友好协会会长平山郁夫为团长的"日中文化观光交流大会使节团"陆续抵问北京。5000 多名日本客人在北京为新世纪的中日友好交流事业拉开大幕。

5 月 20 日下午,时任中国国家主席江泽民在北京人民大会堂会见了"日中文化观光交流大会使节团"主要成员,并同他们进行了亲切友好的交谈。时任中国国家副主席胡锦涛、副总理钱其琛参加会见。

江泽民主席热烈欢迎二阶俊博等各位团员。他说,这次日中文化观光使节团访华,人数和规模在中日两国人民交流史上都是空前的,这既反映了日本政府致力于发展中日友好关系的积极姿态,也体现了广大日本人民投身中日友好事业的巨大热情。他相信这次大型友好交流一定能为增进两国人民的相互理解和友谊发挥重要作用。

江泽民主席从三个角度综合看中日两国关系。他说,从地理上说,中日两国是一衣带水的近邻;从历史上看,两国人民有着两千多年友好交往;从文化传统上说,两国文化源远流长。他强调指出,"尽管中日两国关系也经历了一段不幸时期,但两国人民间的睦邻友好是主流。新中国成立以来,毛泽东主席、周恩来总理、邓小平同志和现在的中国领导人始终高度重视维护和发展中日友好合作关系,不断推动中日的民间往来。"

江泽民主席最后指出,中日友好归根到底是两国人民的友好。无论是邦交正常化的实现,还是其后两国关系的发展,民间友好都发挥了极其重要的作用。我们高兴地看到,近年来,适应新形势的变化和要求,两国民间友好以各种灵活多样的形式不断向前发展,取得了一系列积极成果。展望未来,21 世纪的中日友好寄希望于两国人民,更寄希望于两国青年。我们不仅要继续发展民间友好的传统和优势,使之不断发扬光大,更要进一步推动青少年之间的友好交流,加紧培养中日友好事业的接班人,使两国友好的旗帜一代又一代地传下去。

听了江泽民主席这番话后,二阶俊博有些激动,他说:今天江主席的这番话,不仅是对日本国民的"重要讲话",也是对中国人民的"重要讲话"。对中日两国关系而言,具有非常重大意义。

当晚,5000 多名东瀛客步入人民大会堂宴会厅。钱其琛副总理在交流大会上致辞。他说,在刚刚迈入新千年之际,我们十分高兴地同 5000 多名日本朋友欢聚一堂,共同举行 2000 年中日文化观光交流大会。他首先代表中国政府和人民对日中文化观光交流使节团的朋友们表示热烈欢迎。这次盛会是一个创举,参加者之多,规模之大,是中日友好交流史上前所未有的,对进一步增进中日两国人民的相互理解和友谊,开创 21 世纪中日友好的新局面,具有重要意义。他对倡议和组织这项活动的二阶俊博特别顾问和平山郁夫团长表示崇高的敬意。

钱其琛副总理还表示,中日两国一衣带水,两国人民在两千多年的友好交往中取长补短,携手共进,为创造和发展博大精深的东方文明作出了重要贡献。对两国关系中经历过的一段不幸时期,两国老一辈政治家和民间友好人士为恢复两国友好、实现邦交正常化作出了不懈努力。两国在各领域的友好交流与合作从无到有,从小到大,发展到今天这样的局面,诚可谓来之不易,值得我们双方共同珍惜。世纪之交,努力把中日友好合作关系全面推向 21 世纪,符合两国人民及子孙后代的根本利益,也有利于维护世界的和平与稳定。为实现这一目标,我们应继续弘扬中日民间友好传统,进一步加强和扩大两国人民尤其是青少年之间的交流,增进彼此间的理解和友谊。他期待此次日中文化观光交流使节团对我国的访问取得丰硕成果,成为新时期两国民间友好交流的一个典范。他希望,今后有更多的文化交流,欢迎有更多的日本人士来观光旅游。

二阶俊博也在交流大会致辞中表示,日中两国自 1972 年邦交正常化以来,两国关系发展顺利。前年 11 月,江主席对日本进行了国事访问,去年 7 月,小渊首相也对中国进行了正式访问,为两国关系在 21 世纪的发展奠定了坚实的基础。他说,森喜朗新内阁将严格遵循中日关系的三个政治文件——《日中联合声明》、《日中和平友好条约》和《日中联合宣言》确定的原则,为推动两国致力于和平与发展的友好合作伙伴关系作出最大努力。他还慷慨承诺,使节团在中国参观访问回国后,一定会在日本国内进一步传播和致力于日中友好。

人民大会堂内欢歌笑语暖意融融,中日双方分别表演了富有浓郁民族色彩的文艺节目。5000 名日本客人这个时候还不知道,当晚"日中文化观光交流使节团访华"与"江泽民主席的重要讲话"已经被中国中央电视台(CCTV)制作成为 9 分钟的专题新闻,在中国亿万家庭的电视屏幕上滚动播出。次日,新华社、《人民日报》也都在重要位置报道了此事。

对于这次中国方面如此高规格的接待,事后有日本媒体"揣测"

说二阶俊博感到很有"面子"。对此,二阶俊博郑重地回答:"这不是'面子'的问题,是'信任'的问题。日中两国政府以及政治家只有建立了相互信任关系,才能一起共创大业。"他再次着重强调,"此次,我同平山郁夫率领由日本政府和民间团体联合筹划,由来自日本各地、各界、各阶层5000多名代表参加的大型使节团访华,受到了江泽民主席和中国其他领导人的亲切接见,共叙友情,展望未来,深感荣幸"。二阶俊博认为,"有必要把江主席的重要讲话传递给日本的后代。至少我们这一代,有传承下去的义务"。

会后,"日中文化观光交流使节团"分赴中国20多个省份参观访问,深入实地了解中国各地各民族的风土人情。团员们纷纷表示,亲眼看到的中国与中国人,与想象中的很不一样。如果仅仅通过日本一些媒体的报道,根本就无法得到全面的客观的认识。

这一年,中国到日本游客超过40万人次。日本来中国旅游人数达到239万人次,中日旅游交流开创了新的纪录。

三、再接再厉责任重

一开头就赢得满堂彩的二阶俊博边行走边思考,回国后一定要把中国江泽民主席的重要讲话精神好好向日本各界做宣传,让日本社会形成对华友好的氛围。可是,美好的心声常常受到倒退的杂音的干扰。"鹰派"人物小泉纯一郎就任首相后,要玩一玩自己的个性,不顾中国民众的感情和反对,一而再、再而三地参拜供奉着甲级战犯的靖国神社;在历史教科书问题上,也一再伤害亚洲人民的感情。因此,中日两国关系也如"乱云低薄暮,急雪舞回风",渐入山寒水冷的冰封时节。然而,在政治的严冰之下,经济互利的暖流孕育着勃勃生机,为此,不少长期推动日中友好大业的有识之士忧心忡忡,希望早日打破沉重的冰层,恢复以往的友好关系,改变"政冷经热"

的状态。

寒逆难阻春意融,打破坚冰有人行。2001 年 8 月 1 日,二阶俊博再次到中国访问,一起受到中国官方邀请的还有自民党原干事长野中广务、公明党国会对策委员长太田昭宏。二阶俊博坦陈自己的认识,日中友好交流源远流长,众心所向,不会因为小泉参拜靖国神社而中断终止。小泉纯一郎参拜靖国神社影响了日中关系,但这并不构成日中关系的全部。日中友好关系更应该放眼未来,从长计议,日中友好还有许多事情要做。为了日中友好,不知有多少先辈掘井人付出心血,我们决不能忘记掘井之人的辛劳和功绩。一些不愉快的事情,在漫长友好的长河中,只是几个水泡或小小的逆流,汹涌澎湃的大河仍会日夜不停向前奔腾……

这次访问中国期间,二阶俊博还与时任中国国家副主席曾庆红举行了会谈。曾庆红对二阶俊博说:"二阶先生 2000 年率领 5000 多人到我国进行友好交流,这可是中日友好交流史上里程碑式的壮举。2002 年,是中日邦交正常化 30 周年的喜庆之年,怎么样,可以组织一次万人友好交流观光团来中国访问?"

万人这个数字过于庞大,让二阶俊博颇感意外,他有点不敢相信自己的耳朵。在请翻译人员核对了这个数字后,向来敦本务实的二阶俊博并没有立即回答,而是与邻座的野中广务、太田昭宏等人进行简短协商。过了一会儿,二阶俊博郑重地表示:"这是个好主意,我们力争实现!"

有意思的是,次日二阶俊博就接到日本政府打来的国际电话,日本方面为医疗保险问题的决议案需要召开联合执政党三党干事长、政调会长会议,他必须一个人先行返回日本参加会议。那天,会议结束后,正当二阶俊博准备离开会场时,内阁官房长官福田康夫叫住了他:"请稍微等一等,我有事要和你商量一下。"二阶俊博愣了一下:"什么事?""我们计划组织一万人到中国去观光交流之事,任务很重,一定请您大力协助……"

半年过后,2002 年 2 月 7 日,中国国内处处洋溢着辞旧迎新的喜庆气氛,人们正在为即将到来的传统节日——春节做最隆重的准备,在这个特殊的时刻,日本保守党的访华团再次来中国访问。此次访华团成员包括保守党党首野田毅、干事长二阶俊博、原首相海部俊树以及参议院干事长泉信也等人。这是一次规格很高的访华活动,他们与中国国家主席江泽民、副总理钱其琛、外交部部长唐家璇、中联部部长戴秉国就中日邦交正常化 30 周年庆典友好交流问题进行了会谈。

四、投桃报李衣带情

白鸽橄枝结睦邻,风雨兼程三十载。2002 年是中日邦交正常化 30 周年。为隆重纪念这一历史大事并进一步加强中日两国在新世纪的旅游合作,中国国家旅游局与日本有关方面相互协作,联合推出了"世代友好,相约日本"和"世代友好,相约中国"大型友好旅游交流活动。而如此大型的交流活动,能够担负起"总导演"的工作的人自然非二阶俊博莫属了。

2002 年 5 月 9 日,以中国人民政治协商会议副主席胡启立为名誉团长、中国国家旅游局局长何光伟为团长的 5000 人中国友好交流旅游代表团抵达东京,"世代友好,相约日本"交流活动揭开序幕。胡启立副主席在东京大仓饭店会见了二阶俊博一行,并向他亲手转交了江泽民主席的题词"登高望远,睦邻友好"。

胡启立副主席当场表示,这幅题字,高屋建瓴,言简意赅,深刻概括了中日友好发展的宗旨,充分表达了中国国家领导人和中国民众对发展中日睦邻友好关系的重视和殷切期望,也是对二阶俊博为中日友好所作贡献的高度评价。

何光伟团长指出:"在人类进入和平发展的 21 世纪的今天,'以

2002 年，二阶俊博在东京接受中国国家主席江泽民的题字

史为鉴，面向未来'，这是我们从两国关系发展历程中得出的最根本、最宝贵的经验。进一步加强中日两国的睦邻友好关系，推动两国关系的深入发展，不仅符合两国人民的根本利益，而且有利于亚太地区和世界的和平与发展。我们衷心希望中日双方都能沿着江主席题词所指引的方向，登高望远，世世代代友好下去。"

二阶俊博对江泽民主席的亲笔题词表示衷心感谢。他说：江主席题词不仅仅是针对日本 5000 人访华团和我本人的，而是对全体日本民众的。为激励后人继续发展中日睦邻友好关系，我们决定成立一个"纪念江主席题词刻碑委员会"，把江主席的题词和有关的重要讲话用中文和日文镌刻在石碑上，使之成为中日世代友好的象征，让两国民众广为传诵。

多少年后，二阶俊博回忆起此事，还是心潮起伏。他说，"当我得到这幅题字的时候，想了很多。题字写得很漂亮，显出了江泽民主席的书法功底,让我感受到日中书法文化的传承。题字的内容也很精彩,视野开阔,角度不同。外交,离不开一时一事;但是,外交,又不能局限于一时一事。"

　　尽管当时中日关系已经感受到一些寒意,日本领导人对这次活动还是表现出空前的重视,小泉纯一郎首相一天出席了两场中日交流活动,他在"日中友好旅游交流庆典"致词中表示:"旅游是加强日中间相互了解的最有效的方式之一,日中关系是最重要的双边关系之一,作为日本首相,愿为促进日中友好做出努力。"在此期间,共4位前首相和76位国会议员出席中方高层举行的早餐会,这在中日友好交流史上是破天荒的大事。

　　中国旅游代表团在日本的半个多月里,深入到47个都道府县与社会各阶层开展了丰富多彩的交流和推介促销活动,福建的古朴茶艺,河南的少林功夫,云南的民族舞蹈,川剧的绝妙变脸,充满魅力诱人的自然地理风光图片和琳琅满目的乡土特产等,把中国友好亲仁的风土人情和多姿多彩的旅游文化生动形象地展现给观众,每到一处即成为广泛关注的焦点。在日本各地掀起"中国旅游热"。中国代表团的此次到访,强劲地传播了中国旅游整体形象,突出地显示出旅游是最具有广泛性和代表性的民间交流活动,对拓展两国友好关系以及在政治、经贸、文化等领域的合作发展都将起到积极的作用。在二阶俊博的穿针引线之下,这次"世代友好,相约日本"的中日旅游交流活动最后获得圆满成功。

　　今天,回想起来,如果说有些遗憾的话,应该说当时这个把包含5000多人的中国代表团成员基本上都是"公费",都是基层选派以"官"代"民"的。这恰恰反映了中日民间交流史上相当长时期的一个特点,就是日本与中国的民间交流,大多是日本民众自掏腰包,凭着自己的意志和选择前往中国交流;中国与日本的民间交流,大多是"公费出差",遴选而行。笔者之所以强调这段历史,意在通过今昔变化的对比,说明当今中日真正双向民间交流、游客来往的时代是来之不易的。

五、继往开来卅年行

9月，是中日近现代上值得浓墨重彩大书特书的月份。1972年9月，日本首相田中角荣、外相大平正芳、内阁官房长官二阶堂进率领日本政府代表团抵达北京，与中国的毛泽东主席、周恩来总理会见会谈，从此实现两国邦交正常化，掀开中日关系史上的新篇章。毫不夸张地说，为了这一刻，曾经有多少人付出了鲜血和生命；为了这一刻，有多少人付出了巨大的辛劳和智慧；为了这一刻，不知有多少政治家冒着风险赌上自己的决断力和行动力。

2002年9月22日，为纪念中日邦交正常化30周年，由中国国家旅游局与日本国土交通省等有关方面联合举办的"世代友好，相约中国"大型旅游友好交流活动在北京人民大会堂拉开帷幕。由日本前首相桥本龙太郎率领的日本47个都道府县13800余人以及60多位国会议员的自费旅游友好交流团参加了此次旅游友好交流活动。这是中日两国民间交流史上规模最大的一次盛事。全力推动这一盛事的二阶俊博作为执政党三党干事长之一位列主席台上。

"十五的月亮十六圆"，中日两国爱好和平的人们也在中日两国共有的传统节日中秋节的次日团聚在北京。当天晚上，人民大会堂大礼堂内张灯结彩，喜庆洋洋。花团锦簇，乐音扬扬，掌声雷动，欢声阵阵。主席台后镶嵌着"1972-2002"的字样，表明中日邦交正常化已经走过了30年。主席台上方悬挂着鲜红的条幅——"纪念中日邦交正常化三十周年友好交流大会"，点明主题。

交流大会正式开始之前，中国领导人江泽民、胡锦涛等会见了日方主要人士并合影。江泽民主席首先欢迎以桥本龙太郎前首相为首的日本各界知名人士专程来华出席此次中日友好交流大会。

江泽民主席说，回顾建交历程，中日两国老一代领导人和许多友

2002年9月，纪念中日邦交正常化30周年友好交流大会在北京举行

好人士都曾为中日关系的重建和发展作出过重要贡献。在新世纪，中日关系的重要性并未降低，而是不断增强；两国的相互依存并未减弱，而是不断加深；双方的共同利益并未减少，而是不断扩大。中日两国只有世代友好，才有光明的前途，才符合双方的根本利益。

桥本龙太郎和扇千景、二阶俊博等感谢江泽民等中国领导人拨冗会见以及中方为各项日中友好交流活动所做的周到安排。桥本龙太郎说，日方高度重视日中邦交正常化30周年纪念活动，此次访华活动规模之大，议员人数之集中，在日本历史上尚属首次。日方各界人士决心为日中友好关系在新世纪全面发展作出更加积极努力。

8时40分许，当江泽民、胡锦涛等中国领导人步入大会主席台时，万人大礼堂内响起了雷鸣般的掌声。江泽民微笑着向客人们致意，在主席台就座。

在热烈的掌声中，江泽民主席发表了讲话。他指出，中日两国是一衣带水的友好邻邦，有着深厚的历史文化渊源和广泛的共同利益。

近代以来,两国也有过不幸的历史。日本军国主义侵略中国,使中国人民遭受深重灾难,也使日本人民付出沉重代价。中日邦交正常化30年来,两国关系取得长足发展,人员往来和经济文化交流与合作达到前所未有的程度,政治上形成了重要的共识和指导性原则。中日睦邻友好关系的发展,给双方带来了重要利益,也为本地区乃至世界的和平与发展作出了贡献。

江泽民主席强调,总结中日交往的历史,展望中日友好的前景,最重要的就是要坚持"以史为鉴、面向未来"。以史为鉴,就是要认真汲取中日关系中的历史教训,前事不忘,后事之师,坚持走中日友好的正确道路;面向未来,就是要以中日友好的大局为重,注重现实,着眼未来,推动中日关系不断向前发展。

江泽民主席还表示,中国政府和人民真诚希望同日本发展长期稳定的睦邻友好合作关系。两国政治家特别是领导人,有责任站在历史的高度,发挥应有的引导作用,始终把握住两国友好的大方向,在《中日联合声明》等三个政治文件的指导下,增进信任,促进合作,以造福两国人民,促进地区和世界的和平与发展。

江泽民主席最后说,民间友好,在中日关系发展中发挥了不可替代的作用。我们不会忘记积极致力于中日友好的老朋友,同时欢迎更多的新朋友加入到中日友好的队伍中来。两国政府和各界有识之士应继续创造条件,大力推进和支持两国人民特别是年轻一代的友好交流。

江泽民主席的讲话赢得了全场经久不息的掌声。

北京市市长刘淇在致辞中表示,希望日本朋友在北京旅游期间,能感受到北京历史文化的博大精深、北京现代化建设的巨大成就、北京人民的热情好客和北京为迎接2008年奥运会而正在谱写的开拓新篇。北京市人民将与全中国人民一起,与日本人民携手合作,共同开创新世纪中日友好合作关系的新局面。

中国国家旅游局局长、中日友好旅游交流促进委员会主任何光伟说,旅游是和平的使者、友谊的桥梁,我们衷心地希望通过多种形式的旅游交流,进一步丰富两国民间友好交流的内容,推动两国在各个领域的合作与发展。

春耕秋收勤播种,穿针引线推助功。这一年,日本旅华人数创历史新高,达到 398 万人次。这个纪录一直保持至今。

六、观光旅游两受益

"发展旅游交流光嘴上说是不行的,要带着自信真正去做"。这是二阶俊博的信念。

一步一个脚印的踏实践行取得了令人瞩目的效果,这是中日两国每一个普通人都能够感受到的改进。为加深两国交流,双方签证日益便利化。2003 年 9 月 15 日开始,中国对持普通护照访华的日本游客给予 15 天以内免签入境待遇。海南岛对包括日本在内的 26 个国家公民实行 15 日以内落地免签政策。

2005 年 7 月,中日两国政府以"爱知世博会"为契机,全面开放中国公民团体赴日旅游业务。当年 7 月,时任国家旅游局局长邵琪伟率 230 余人代表团访问日本并举行了"中日旅游交流促进大会"。

2006 年 7 月,在时任中国国家旅游局局长邵琪伟和时任日本国土交通大臣北侧一雄的共同倡议下,第一届中日韩旅游部长会议在北海道举行,并且自此形成了中日韩旅游部长会议每年轮流举办的交流机制。2006 年中日双向人员往来突破 500 万人次。

近年来,中日旅游交流发展飞速,2014 年有 241 万中国游客访问日本。2015 年有 499 万中国游客访问日本,同时也有 200 多万日本游客访问中国,中日双向旅游人数首次突破 700 万。2016 年 1 月到 10 月,中国游客访问日本突破 560 万人次。

更为值得关注的是,2015 年初,中国国家旅游局局长李金早在全国旅游工作会议上也明确提出了"旅游外交"的重要概念，并将"开拓旅游外交"列为中国旅游业"515 战略"的重要内容。旅游业要在国家开放新格局中，主动作为、主动发声，服务国家整体外交，努力开创旅游对外开放新局面。

日本称为"观光外交"，中国称为"旅游外交"，异曲同工，这些手段和方法已经成为中日两国外交政策新的契合点和新的融合点。

抚今追昔，感慨万千。我们可以很清楚地看到，2000 年，中国访日游客 40 万人次。2016 年，中国访日游客将近 700 万人次。2017 年，中国访日游客有望突破千万人次大关。

巨大的增幅让人们一次次为中国赴日旅游事业的发展和进步而发出惊叹。这里面，二阶俊博功不可没。

第三章

"植树外交"、"抗灾外交"和"世博外交"

"外交也罢,官方交流也罢,民间交流也罢,最好是能够留下一些后人看得到并且可以享受的东西。"二阶俊博凝望着窗外,若有所思地对我们说。

"日中两国都已经是大国了。大国与大国进行外交的时候,如果彼此能够关切对方的利益,特别是对方伴随着时代变化出现的新需求,这种外交和交流就会落到实处。"如今已经位居日本自民党中枢高位的二阶俊博停顿了片刻,非常诚恳地讲出了这样一番话。

那么,二阶俊博在推进日本与中国外交和交流的时候,是怎样践行的呢?

一、绿荫不言自成蹊

2015 年 10 月 30 日,北京,深秋的红叶如醇酿般醉人,此时正是这座千年帝都一年中最美的时节,澄净的天空万里无云,那些健行者和攀登者常常在这样的日子登高远望,在脚踏实地的前行中感受美丽的风景。午后的暖阳洒下梦境般的金光,下午 1 点 15 分左右,一辆大巴从古老城墙下的长富宫酒店缓缓驶出,它的目的地是八达岭长城脚下。大巴中央靠右的座位,坐着一位身穿黑色大衣的老人,看上去温和谦谨,却又神采奕奕,精神抖擞,他就是已经 76 岁的二阶俊博。

此次与他同行的还有日本各级官员,以及记者团和数名工作人员。这一行人如此郑重其事的出行,是为了亲眼看看当年种下的希望是如何变幻出美好而真切的景象。

经过近百公里的路程,大巴驶进八达岭长城脚下。一片郁郁葱葱的"中日友好万人友谊林"拥簇着一块造型为和平鸽的白色大理石碑,秋风轻轻拂动,绿树飒飒作响,这些精灵们仿佛在争着讲述 13 年前这里发生的故事。

树影斑驳中时光倏然回到 2002 年的 9 月,时值中日邦交正常化 30 周年之际,"世代友好,相约中国"大型中日旅游友好交流活动在北京拉开帷幕。13800 多名日本友人漂洋过海汇聚京城。正如热爱和平的人们一再谈起的那样,这是中日两国民间交流史上规模最大的一次盛事。

作为此次盛事主要负责人的二阶俊博不仅事前为组织万人访华团劳心劳力,他更关心如何在这次交流中留下后代可以享受的果实,为了让此次活动具有更深远的意义花了不少精力。

9 月 22 日上午,一场声势浩大的"中日友好万人友谊林"纪念碑揭幕暨植树活动,在北京八达岭长城脚下举行。仪式当天,会场内外到处彩旗飘扬,鲜花簇拥,以象征中日两国的"长城"、"富士山"形象制作的装饰物矗立在主席台后方,3000 只和平鸽在会场上空盘旋。时任中国国家主席江泽民挥毫泼墨,为这次活动亲笔题写了"中日友好万人友谊林"。时任日本保守党干事长的二阶俊博和日本前首

2002 年 9 月，二阶俊博率领日本访华团员在人民大会堂

相桥本龙太郎等人出席了现场活动，他们和上万名日本交流团成员聚集此处，一锹一铲种下了象征中日友好的青绿小树苗。

看到日本友人精心栽种中日友谊之树的景象，时任中共北京市委书记的贾庆林非常感动。他说，我们精心选择了"中日友好万人友谊林"的林址，并把江泽民主席的题词镌刻在造型为和平鸽的白色大理石纪念碑上，希望这座象征着和平与友谊的石碑，能永远耸立在中日两国人民的心目中。"中日友好万人友谊林"扎根在长城脚下，将与有着两千多年历史的中国万里长城永久相伴，成为中日友谊万古长青的历史见证！

为了永久纪念中日友好交流史上这一盛事，友谊林附近的显著位置亚诺方舟广场东南角，不仅矗立了一座"中日友好万人友谊林"的纪念碑，同时还筑起了 9 块镌刻着参加活动的日本志愿者姓名的纪念碑。这些精心栽种下中日友好小树苗的志愿者们，值得永远镌刻在中日友好的青史之中。

四时更变化,岁暮一何速。"一晃 13 年就过去了。这么多年都没有来这里,不知道这 13000 株树怎么样了?是不是很好地适应了环境?是不是成长为强健的大树?"二阶俊博专程来八达岭,就是为了再看看当年的那些树,为了给心里的牵挂找到确切的答案,为了重温一下当年那万人种下中日友好林的动人场景。

"有人以为我一定要来看看,是因为我对中方不信任。其实,不是这样的。这些年,不断地有日本人、中国人到这里来探看这片树林,他们重视中日友好交流,关心友谊林的成长,都通过不同的渠道把这些年来友谊林的变化情况告诉我。但是,我还是执意自己要来看一次,因为我像一个农民一样,希望看到自己播种的果实,希望看到收获的季节。我知道,自己一个人来看没有什么意义,应该大家一起来享受。所以,我这次特别带了几位年轻的国会议员,让他们也来感受感受当年的气氛,知道一下日中友好要靠多少人的努力才能有如今的局面。"二阶俊博热情而诚恳地说着。

看到当年的新绿嫩枝变成如今无惧寒风逆流的华盖嘉树,二阶俊博脸上露出了欣喜的表情。更让他感动的是,树林里矗立着的"中日友好文化观光交流"纪念碑,秋阳透过树叶照着石碑闪闪发光,上面 13000 多名日本志愿者的名字依然清晰可见。中国方面一直精心维护着日本友人送来的特殊礼物。

二阶俊博目光温柔地掠过纪念碑上的那些名字,稍作停顿,对身边的后辈和记者团说,"中国有句古话说前人种树,后人乘凉。两国先辈们创下的日中友好局面,让子子孙孙们享受到了恩惠。人过百年卒,树能立千载,通过植树让日中友好的心愿长久常青。而子子孙孙们也要保持这种传统,继续植树,让两国友好传承下去"。

合抱之木,生于毫末。万古长青的中日友好之树,需要一代代人的播种、培育、精心呵护。让这份特殊的信物把中日友好的观念传递给更多人,就是二阶俊博"植树外交"的意义之所在!

二、众人皆避我前行

非常时期非常行,患难之中见真情。人与人相处是这样,国家与国家相处又何尝不是如此。当瘟疫、地震等灾害突然来临时,那些置自身安危于度外,为两国"传情"奔走的政治家尤其可贵。

2003 年 5 月,中国大地正处于"非典"肆虐的特殊时期,每一天,都有从各地传来的感染甚至死亡信息,大批在中国的外国人士选择了暂时撤离,而二阶俊博却在这个时候来到了中国,他是带着一个意义非同寻常的任务来访的。他接到的这项重要任务就是:再次打通中日两国领导人的交流渠道。

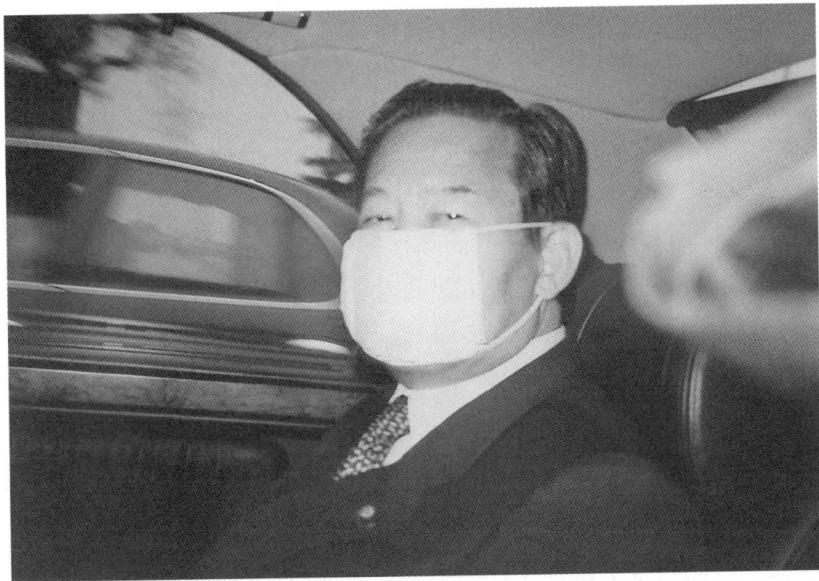

2003 年 5 月,中国"非典"时期访问北京的二阶俊博

毫无疑问,二阶俊博的这次访问具有非常特殊的意义:2003 年是《中日缔结友好和平条约》签订的 25 周年。可是,因为在此之前

日本首相小泉纯一郎执意参拜靖国神社,导致中日两国的高层交流一度处于中断状态,相关纪念活动根本就无从开展。5 月 31 日,各国首脑将在俄罗斯圣彼得堡庆祝建城 300 周年活动上见面,小泉非常希望在那里实现与中国领导人的会面,缓和日中关系,改变日本外交的孤立局面。

可是,环顾日本国内,谁能够完成这个艰巨任务,将请求传递给中国政府呢?"二阶俊博!"小泉的脑海中马上蹦出了一个名字。就是他! 只有与中国方方面面关系很好的二阶俊博才能打破僵局。考虑到中方短期内邀请小泉纯一郎访问中国的可能性不大,日本政府认为安排 5 月 30 日在圣彼得堡小泉纯一郎与胡锦涛主席会见最为可行。留给日本政府的时间已经不到 1 个月,必须尽快安排二阶俊博去中国访问,与中方会谈协商。

然而,此时的中国民众正与"非典"进行着一场异常艰苦的战争,住院、隔离、死亡……人们被这些新闻困扰,停工、停课,人心惶惶,曾经繁华的街头如今却人迹罕至,尽管医务工作者竭尽全力抢救病人,可是情况并不乐观,研究人员也还没有找到对抗病毒的特效药……在这种非常时期去中国访问,此中风险不言而喻。一旦被感染,就意味着有生命危险。二阶俊博同样有家庭,他同样是一个普通人,想到妻子和孩子,他心里闪过一丝不安和犹豫。可是这种困扰只在二阶俊博的脑海中停留了片刻,就被他身为政治家的责任感打败:我是民众选出来的国会议员,在这种危险时刻挺身而出,才是尽本分啊。

因为害怕家人们担心,去中国的事情,二阶俊博一句也没和家里人提起。如果家人要阻止怎么办? 二阶俊博真不知道该怎么跟家人解释。没想到妻子还是从其他渠道知道了这一消息,她不放心地打电话给二阶俊博:"在这种时期,你真的要去中国访问吗?"

"还没决定呢,不过,也许会去吧……"二阶俊博只能含糊其辞。贤惠的妻子再没多说一句。相伴多年,凭着对丈夫的了解,她默默地准备行李。临危受命的二阶俊博外表显得十分平静，在亲友面前什么异样也没显示出来，可是内心里也有隐隐的担忧，自己如果感染了甚至死了，也并不可怕，他更关心的是会给自己选区的选民、国会里的朋友和家族带来麻烦，这就是一位政治家的责任感。

5月18日下午5点50分，二阶俊博一行登上了飞往北京的班机。一上飞机，双手带着白尼龙手套的空姐，就娴熟地把白色口罩送给他们，让大家都戴上了口罩。环顾四周，二阶俊博发现，白白大大的口罩之外，乘客们都微微皱着眉头，神情颇为紧张。二阶俊博经常坐飞机出国，但这种情景还真是第一次看到，在这种紧张的情绪中，这次出访似乎多了一份去冒险的悲壮感。很快，晚餐的时间到了，空姐们带着薄薄的手套，来给旅客送餐。二阶俊博伸手刚要接餐盘，突然迟疑了一下。戴着个大口罩吃饭，这饭菜该如何下口？！既然选择担负起鸿雁传书融冰消雪的责任，就必须先把重重顾虑丢在一边。二阶俊博一把摘掉口罩，接过餐盘香甜地吃起来，嗯，味道不错。

飞机安全地在北京首都机场降落，日本驻中国大使阿南惟茂和中国政府高官到机场迎接。迎接二阶俊博一行的车队，从机场直奔钓鱼台国宾馆。与记忆中那个繁华热闹的北京城不同，此刻的北京街头行人稀少，路上的车辆也不多，车队很快就到了宾馆。

这已经是二阶俊博第六次与胡锦涛见面会谈了。二阶俊博双手紧紧握着胡锦涛的手，热情祝贺他当选国家主席，并就中国目前遇到的"非典"问题阐述了自己的看法："非典"只是暂时的困难，在中国人民齐心协力、举国一体的奋斗下，一定会打赢这一仗。如果需要日本在其中效力的话，他们一定诚心尽力。

会谈中，还涉及中国居民组团到日本旅游的问题。"非典"施虐之时，一些国家对中国游客唯恐避之不及。而二阶俊博对中国政府控制疫情并最终战胜"非典"的能力有绝对的信心，他对中国游客表示出热情的欢迎。当时，只有北京、上海、广州三大城市的居民才可获得入境签证，二阶俊博非常支持中方将范围扩大到其他省份的意见。他提议,正值《日中和平友好条约》缔结 25 周年之际,这正是扩大签证范围的一个好时机。在许多外国友人观望甚至撤离的特殊时期,二阶俊博却能够用长远发展的眼光看待中日关系,中日外交交流史会记住他,时间会给予他一个客观公正的评价。

5 月 20 日,二阶俊博一行离开中国返回日本。为了确定他们是否感染"非典"病毒,他们必须接受严格的隔离检查。直至 5 月 22 日才被允许参加众议院会议。可是,即使做了这些防护措施,还是有国会议员提出:最好别让他们出席会议,千万别传染了我们,要是在众议院内把中国的病毒传染开了,可就太麻烦了……

居然会有这样的言论在报上发表,真让二阶俊博哭笑不得,这种时候正是支持中国,修复两国关系,拉近两国距离的好时机,身为国会议员竟然说这种毫无意义的风凉话,让人怀疑他是不是应该给自己的政治智慧充值。这样的言行已经不是用哗众取宠可以形容的了,是对中日两国全体国民的不负责任。

多少年后,二阶俊博谈到这次中国之行时,动情地说:"当年,通过我的努力,日本首相小泉纯一郎得以和中国国家主席胡锦涛在俄罗斯的国际会议上见面,避免了日中关系进一步恶化。有人曾经问我,这样做是不是'投机'的因素太重了,我说:不是!当邻国出现困难的时候,满怀诚意地前往探望和帮助,才能够赢得对方的信任。外交,绝对不能只谋求自己国家利益的最大化,还必须顾及对方国家。无法构建信任的外交,无论多么努力,都将是一种失败的外交。"

三、古稀万里雪中炭

逆风而行容易损伤羽翼,可是,鹰击长空并不会因此改变它飞行的路线。真正的勇士,也不会因为流言蜚语就打退堂鼓,自己认定的事情就要去做。2008 年 5 月 12 日,中国发生汶川大地震的消息一传到日本,立即就牵动了二阶俊博的心。从政多年参与过无数应急救援工作的他深知8.0级地震的破坏力,尤其是在地形复杂的山区。5月13日一大早,二阶俊博首先委托日本国家公安委员长兼防灾大臣泉信也,代表二阶派所属议员向中国驻日本大使崔天凯表示慰问,并当面转交了20万日元捐款。一个星期以后的21日,在二阶俊博的组织下,日本绿化会成员及其下属公司专程到中国驻日本大使馆再次表示慰问,同时捐赠1亿日元善款。22日,在日本旅游协会大楼与中国驻日大使崔天凯会谈时,二阶俊博又动员旅游协会捐赠善款40万日元,并表示要尽自己一切力量,为四川灾区人民抗震救灾做贡献。

2008年6月,二阶俊博将为"汶川大地震"灾区筹集的救灾物资送到四川

日本是一个地震频发的国家,有"地震王国"之称。正因为如此,日本也积累许多震后救灾经验。"除了物资援助,更重要的是从心灵与精神上对中国灾民进行抚慰。"二阶俊博不仅仅关心中国灾民震后的生活,更关注他们所遭受的深层伤害,在他的倡议下,由执

政党议员组成的"发展日中关系议员之会"14 日紧急召开干部会议,决定向四川地震灾区派遣实地慰问团,将日本政府和国民的感情和心意带给灾区人民。

然而,一个现实的问题横在二阶俊博面前。6 月是日本国会最关键的时节,围绕养老金问题、石油价格飞涨带来的一系列物价暴涨等问题,国会内每天剑拔弩张,议员一分钟都无法离开自己的战场——国会大厦。如果要去慰问,送救灾物资,只有在周末,而且无法在外留宿,这就意味着去四川灾区必须得当天来回。一个已经年近七十的老人,要在一天之内往返近一万公里,在这种情况下亲赴灾区慰问完全是一个苛刻艰难的任务。但是,二阶俊博再一次展现出他作为一位有抱负有责任感的政治家的襟怀,他没有丝毫犹豫,毅然决定筹划专机前往。"我要亲手将灾民最需要的物资送到他们手上。"

"二阶先生要亲自去中国的地震灾区慰问,送抗震救灾物资了。"二阶俊博的影响力真大,消息一传出,马上就有很多亲朋好友打来了电话,表示愿意出钱出力,帮助中国救灾。但是,正如二阶俊博倡议的那样,救灾不是凑点物资钱款送过去"意思意思",而是要用心表达出日本民众真正的诚意。

对于社会各界的捐助,二阶俊博没有"来者不拒",捐什么物资给中国更合适,他有针对性的甄选着。经过与中国有关部门认真协商后,二阶俊博了解到目前灾区最紧缺的是帐篷,受灾民众最需要的是饮用水。他马上亲自派人去落实帐篷和饮用水的问题。孩子是未来的希望,他们代表着从废墟中重新站立起来的强大力量,二阶俊博深深牵挂着灾区的孩子们。学校都垮了,孩子们的文具一定没有着落,他赶紧又拨出自己所属团体的资金,专门嘱咐秘书去采购了一批圆珠笔和笔记本。

很快,日清面粉公司送来了方便面,这是需要的;专门生产饮料的伊藤园送来了乌龙茶,这也是不可少的。短短的几天之内,竟然汇集了 40 多吨物资。这么多东西,用什么来装运呢? 二阶俊博想到了自己的老朋友,全日空航空公司的老总伊东信一郎。一个电话打过去,伊东听说是要运送赈灾物资到中国四川,立刻同意无偿提供,并马上作了精心安排,调出一架当时日本国内最大型的 747-400 客机,供二阶俊博使用。

为了节省时间,专机从东京羽田机场起飞后,一路朝震灾重地成都飞去,整个航程历时 5 小时 15 分钟,下午 1 点,飞机稳稳地停在成都双流机场。到达机场后,二阶俊博转交了首相福田康夫给中国国家主席胡锦涛的亲笔信,同时将"发展日中友好议员之会"会长、前首相森喜朗用毛笔亲自抄写的物资目录转交到四川省外事办副主任谭欣手中。

二阶俊博谦逊而诚恳的表示:"此行虽然只带来了 31 吨物资,物资不多,但却是日本民众的一片心意。我们听说四川民众遭遇到如此巨大的地震,就像自己家亲朋好友遇难一样,心里非常着急,恨不得马上就飞过来。这次送来众多日本国民的心意,祝愿受灾地区居民鼓起勇气,挺起胸腔,早日重建家园。"

在与中国方面负责人的会面中,设身处地地为灾民考虑的二阶俊博还特意将随行的公明党议员赤羽一嘉和自民党议员谷公一推荐给中方,他着重介绍了这两个人在日本曾经经历过阪神大地震,对震灾复兴很有经验。赤羽一嘉和谷公一随即表示,很愿意将自己的经验贡献出来,帮助汶川灾民早日重建家园,恢复生活。

会面结束后,这位年近古稀的老人又马不停蹄赶往四川大学附属华西医院,看望在地震中受伤的民众。汶川大地震发生以来,华西医院接受和治疗了 2000 余名伤病员,日本国际紧急救援队医疗队也在这里参与救治灾民的工作。住院部有一名 10 岁的小男孩,在地震中被困了 5 个小时,后来虽然被父亲幸运地救出,但下肢还是遭受了严重的压伤,送到医院时已经呈坏死状态,中方医生不得不为他准备截肢手术。这时,日本医疗队赶来了,并且带来了很先进的透析设备。日本医疗队医生建议保留下肢,进行透析治疗。经过一段时间的治疗后,小男孩的病情已明显好转。多少长篇累牍的官方宣传都不如给予普通灾民的这份温暖有意义,二阶俊博了解到这一情况后非常欣慰:"日本医疗人员能帮助小朋友保住双腿,太好了,太好了!"

慰问团长途跋涉往返 10 余小时,只为了在当地停留不到 4 个小时。但就是这 4 个小时,恰恰是心灵交流的 4 小时。二阶俊博将其称为"地震外交"。他特别告诉笔者,"2008 年 5 月中国发生汶川大地震后,日本对中国进行了帮助,并且派出了医疗队。我知道中国民众曾十分感谢日本医疗队,他们面对逝者脱帽默哀的视频感动过许多中国人。我更想说的是,2011 年 3 月日本发生东北大地震后,中国也立即对日本进行了帮助,也及时派来了医疗队。中国医疗队在食品不到位的情况下积极寻找受灾者的视频,也感动过不知道多少日本人。这种'地震外交',是日中两国两千年交流史上罕见的外交。它一方面开拓了外交的新形态,另一方面让我们知道在危急时分怎样帮助对方、怎样温暖对方,怎样赢取对方的理解与信任。我个人认为,这种'地震外交'今后应该发展成为'救灾外交'。伴随着地球温暖化等等环境的变化,自然灾害不会减少,只会越来越多。在这种情况下,日中两国如何相互支援,相互传授救灾经验,是十分重要的。我们两国的这种'救灾外交'不应该局限于我们两国之间,还应该打造成为一种'救灾外交'的模板,应用到其他国家和地域发生自然灾害的时候。日中两国应该成为'救灾大国'。"

四、世博搭桥心连接

2008 年,中国北京举行了奥运会。2010 年,中国上海举行了世博会。对于许多发展中国家来说,举办奥运会与世博会,意味着一个国家社会经济发展的"阶段式毕业"。作为中国的邻国,日本 1964 年在东京举行过奥运会,1970 年在大阪举行过世博会。这"两会"成为日本战后复兴以及崛起的标志,因此他们的体会更加深切。

2010 年 5 月 1 日,上海世博会拉开了帷幕。从开园到 10 月 31 日的 184 天之间,共有来自世界的 192 个国家参与了上海世博会,参观者超过 7000 万人,成为史上最大规模的世博会。此间,日本馆令人赞叹的环保理念,为上海世博会吹来一股清风,被评为"最生态的展馆"。这座精心打造的"生态馆",为上海世博会增光添彩,为中日友好交流助推润滑,它的背后倾注了二阶俊博无数心血。

2010 年,二阶俊博在上海世博会日本馆推进委员会事务局成立仪式

得知中国要举行世博会的消息,二阶俊博高兴地说:"中国举办世博会,不仅是中国的骄傲,也是亚洲的骄傲。我们要派上用场,积极提供协助,让世界看到亚洲的实力。"

不是说说而已的漂亮话,早在 2006 年 8 月,时任经济产业大臣的二阶俊博就对上海世博会的出展工作进行了安排。他首先牵头在经济产业省内成立了"关于上海世博会专家恳谈会"。为了实现上海世博会的官民联合出展，二阶俊博以经济界为首，召集了学界、文化界的专家，并委托爱地球博览会协会会长丰田章一郎担任会长，正式启动恳谈会的工作。

二阶俊博一再强调："为了让日中合作关系走向更加成熟的重要一步，为了上海世博会的成功，我们必须做出最大限度的努力。"

日本的爱知世博会以"自然的睿智"为主题，将世界共通的课题以易于接受的形式传达给参观者，取得了空前成功。有人认为可以借鉴这一模式。而二阶俊博不愿躺着已经取得的成就之上原搬照抄"爱知模式"，对中日友好合作抱有长远期待的他认为，上海世博会作为 21 世纪的新型世博会，应该在日本的基础上，将亚洲的先进理念发扬光大，展现出更好的理念，让中国在世界范围内得到认可，而日方应该做的就是深入全面的参与进来，协同中方一起呈现一次贴近民生、着重交流、展示高新技术的全球盛会。

在经济产业省内部，专家恳谈会稳步推进日本馆的参展工作，并确定了象征中日友好的主题"心之和·技之和"。2008 年 8 月，在二阶俊博的主持下，经济产业省的上海世博准备工作进入了冲刺阶段。

策展之初，专家们列举出来温室效应、水资源问题、人口老龄化等候选议题。日立制作所咨询负责人庄山悦彦在新提案中说："我们不能完全从日本的立场出发。针对中国的实际，日本应该主攻水资源问题。中国的水资源目前已成问题，今后温室效应还将加剧，情况会更加严峻。日本应该在重视水资源问题方面提供经验。"水是生命源泉，中国存在水资源分布不平衡的问题，如何解决经济发展与水资源分配的矛盾是当务之急，高度关注中国发展现状的二阶俊博看着这项提议微微点头。经过专家恳谈会的深入讨论，大家决定改变思路，将最为迫切的水资源问题单独列出来，作为展示的重点。

曾经促成"爱地球世博会"成功举办的爱知县知事神田真秋，围绕着生物多样性主题提出了意见。他认为由于人类活动频繁及经济发展需要,日本和中国很多地区都存在着生物品种逐渐消失的危机,我们两国应该在上海世博会上表现共同维持生物多样性的愿望。不出所料,这项提案也被向来重视环境保护和可持续性发展的二阶俊博采纳。

为了配合这个议题,日本经济产业省还拍摄了一段 VCR,收录了 2007 年 11 月 19 日,日本在新潟县佐渡将中国赠送的两只朱鹮"华阳"和"溢水"放归自然的一段佳话。VCR 表现出日中两国为了达成此目的做出的种种努力,不断宣扬合作保持生物多样化的重要性。

在二阶俊博的提议下,专家恳谈会的讨论围绕着"会念经的和尚"展开,促进中日友好的僧人们隆重地登场了。第一次恳谈会上,画家绢谷幸二贡献一个提案,"这么难得的机会,不如让鉴真再回一趟家吧。"

来自中国扬州的鉴真五次东渡日本失败,双目失明,第 6 次终于在 753 年成功渡海,到达日本,成为日本律宗的开山鼻祖。专家恳谈会建议把鉴真的坐像送到上海世博会期间展出,表现中日友好的源远流长。

听到这个提议,二阶俊博补充道:"只有鉴真和尚一个人回家的话,他也太寂寞了。空海和尚当年是遣唐使,中国是他的第二故乡。这次,让空海和尚也回去'探亲'一次吧。"

中日双方协商决定,配合上海世博会,在位于上海市中心的人民广场举办"鉴真和空海——日中文化交流的彰显"活动。日本重要物质文化遗产"木造鉴真和尚坐像"和国宝"木造弘法大师坐像",作为中日交流桥梁的象征,一同出现在中国。就这样,中日文化交流史上两颗璀璨的明珠穿越时空交汇在黄浦江之边,把二阶俊博推动中日两国共同发展的美好心愿传递给申城的每一位中外友人。

随着参展工作的推进,2008 年 10 月 28 日,中日双方就日本馆的参展正式签约。次年的 4 月 20 日,第 4 次有识之士恳谈会召开,进行日本馆的主题标志和中文名称的筛选评审。

日本馆主题标志的名称在日本公开征募,经过讨论最终定为"微笑相连"。标志的名称包含了日本馆标语的关键词"联接",特别是突出了珍视心与心相连的美好心愿。标志的造型线条柔和流畅,无论是大人还是小孩看了都会心情愉悦,而颜色则采用两国人民都喜爱的朱鹮的色彩。

在中国,有个著名的典故,"千里送鹅毛,礼轻情意重",把羽毛赠予朋友是双方心意相通的证明。深刻理解中国文化的二阶俊博认为,这样的安排可以让观众对中日"联接"的重要意义感同身受。专家恳谈会的顾问、日本驻中国原大使谷野作太郎也对此给予了高度评价。

与此同时,2 月 27 日开始到 3 月 27 日为止的一个月时间,在中国全国范围内公开征募日本馆名称的活动也顺利展开。日本方面想要一个对于中国人来说既亲切又让人又想要参观的意愿的名称,活动总计接到约 3588 份投稿,从中脱颖而出的是"紫蚕岛"——一个由中国家庭主妇提出的名字。

紫是日本馆外观的主色调,在中国和日本都是一种代表高贵的颜色。同时日本馆的建筑让人联想到蚕的茧。在中国,蚕有着丰富的象征意义。它破茧而出,羽化成蝶,以高贵美丽的新形象再次出现,象征着不老不死。以蚕茧为原材料的绢织法,则是由日本传到中国,这也是古代中国与日本密切联系的体现之一。这个融合了高贵的含义并且对中日两国美好未来充满期待的名字能够最终入选,是两国爱好和平的人们的共同心愿。

前期准备工作接近尾声后,2009 年 4 月 30 日至 5 月 15 日,日本经济产业省举办了有关日本馆参展的主题展。这是二阶俊博的主意,也展示出他长期致力于中日友好交流与发展、不遗余力向日本民众推介中国的心愿。"好东西也得靠吆喝,只有我们知道上海世博会没什么用,得向日本国民多多宣传。"二阶俊博不断向负责人嘱咐,要大力开展宣传上海世博的活动。同年 6 月 6 日,在二阶俊博的建议下,日本政府还专门邀请时任中国副总理的王岐山访问日本,沟通交流日本参加上海世博会的各项工作。

2010 年 5 月,上海世博会正式开幕后,参观者一入场,首先映入眼帘的就是中国馆。而日本馆位于乘坐巴士入园一入场就能看到的地方,这是国家馆林立的世博会场中的优势位置。被安排到如此好的位置,正是因为中国方面感受到了日本对上海世博会的热情与重视,二阶俊博和他的同事们付出的辛苦努力得到了最有价值的回应。每一份致力于发展中日两国友谊、造福两国人民的诚挚心意都值得被珍惜、被铭记!

日本馆的展出由过去、现在和未来三大部分构成,分别以"联接的朱鹮"、"智慧的联接和心的联接"、"心的联接和和谐未来"为主题,讲述了在日本绝迹的朱鹮在中国的帮助下重归大自然这个暖意融融的故事。

上海世博会举办期间,日本馆有超过 400 万人入场,在人气排行榜上稳居前三。人气爆棚的日本馆,排队入场所需时间超过了 5 个小时,缓解排队拥挤的措施被提上了讨论日程。六七月份的上海正逢梅雨季节,闷湿燥热,可以料想排队拥挤会造成很大的问题。

这时,有人提出了建议,"因为日本馆非常有人气,请务必发放入场券,限制一些人数"。但是,二阶俊博重视每一个人平等参与的权利,希望尽最大可能向更多的中国观众传递日方希望巩固和发展两国友谊的心愿,他对这种不负责任的建议表达了否定的意见。"上了年纪的观众,或是乘坐轮椅来的观众,可以优先发放入场券。但是不希望限制一般观众,我们要让更多中国民众了解日中之间的感情与联系。人多的问题,我们可以加派人手,多承担一些工作。"在二阶俊博的亲自协调与安排之下,整个展览期间日本馆既保持了超高人气又维持了和谐舒坦的气氛,这种成功"圈粉"的工作方式被其他国家馆称赞为"日式管理"。

　　"其实,我们也时刻担心会出现问题。可是,我们参展不就是为了让更多中国民众加深对两国友好的了解吗。如果我们因为一点困难就忘记了这个初衷,参展的意义就大打折扣了。日中关系也是如此,打交道的过程中难免会遇到一些困难,可是想一想我们当初是为了世代友好而坐在一起,又有什么问题是不能解决的呢。"看着电视镜头里,那些走出上海世博会日本馆的观众脸上的微笑神情,二阶俊博坚定地说。

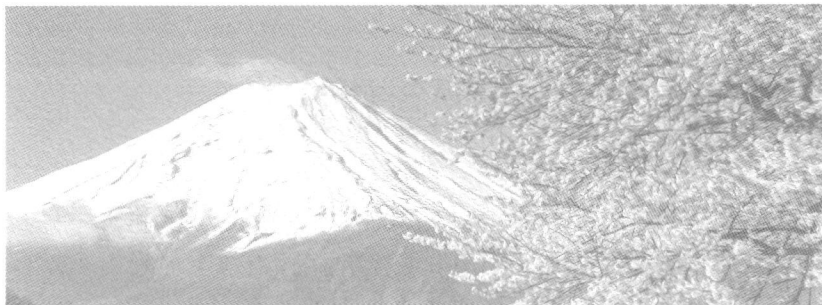

第四章

传承上千年的中日"友好基因"

　　世界上没有哪一个国家像中国这样,在历史长河里给日本带来如此巨大的影响。从汉字到和服,从《论语》到《法华经》,从围棋到茶道……中日两国有着千丝万缕的联系,人们喜欢用两组词语形容两国的关系:一衣带水和隔海相望。

　　一衣带水,让两国人民的友好关系源远流长,犹如一泓永不枯竭的深邃清泉。隔海相望,迢递之间多少新闻多少旧事将两国人民牢牢牵系。徐福、阿倍仲麻吕、隐元大师、空海和尚……上千年的互动中,两国不断涌现出各种"友好使者"。他们前赴后继,甚至不惜以生命作为代价,谱写出中日交往中强大的"友好基因"。这种"基因"沉淀在千千万万后人的血液中,让中日关系的发展虽然遭遇风雨却能始终向前。二阶俊博就是这样一个有着"友好基因"的人。

一、徐福东渡始有源

根据《史记·秦始皇本纪》记载，公元前219年，完成了千秋大业的秦始皇开始盘算起自己的"千秋"问题，当他东巡到山东琅琊（旧属齐，今诸城东南），当地人徐福率众上书秦始皇，称海中有"蓬莱"等三座神山，请求秦始皇派童男童女和他一起去求长生不老药。秦始皇听信了他的话，派数千童男童女乘船随他出航。几年时间转眼就过，花费许多人力物力，却没有见到神药的影儿。公元前210年，秦始皇再次巡幸琅琊时，问起徐福此事。徐福给出的解释让秦始皇也无可奈何，由于海中有大鲛鱼，探寻神药的任务受到阻难。秦始皇派出连弩射手除掉大鲛鱼后，徐福带领数千童男童女、射手、百工、农艺师及五谷种子再度出海求取仙药。徐福此次出海后却音讯全无，从此去向成谜。

徐福一行究竟去了哪？后人一直在探寻。西晋陈寿所著的《三国志·吴书》中称，他们到了"海中"。而东晋葛洪的《枕中记》记述进一步指出明确的方位，"海中"为"东海之东北岸"。唐初，魏王李泰编撰的《括地志》首次阐明，"秦始皇使徐福将童男童女入海求仙人，止于此洲"。唐代以后，中日人员往来日益频繁。五代十国后周时期的义楚和尚更是从其朋友日本和尚弘顺处了解到，徐福一行就是去了日本。他在《义楚六帖》中记载："日本国亦名倭国，在东海中。秦时，徐福将五百童男、五百童女止此国，今人物一如长安。"这些史料，成为此后"徐福率童男童女东渡日本"的重要根据。

经年累月，代代相传的故事被岁月蒙上了一层层迷幻的雾霭。历史刻画的痕迹被岁月之河冲淡，是是非非，真真假假，口耳相传的故事未必可信，还需要有遗址、遗物来证实。而二阶俊博的老家日本和歌山县，就留下了大量这样的遗址、遗物。生活在这里的人们深信，"徐福东渡"早已不是传说。

在日本和歌山县新宫市的海岸线上，有一座山名为"蓬莱山"。山前数百米处，被认为是徐福一行登陆的地方，至今还矗立着一座塔式纪念碑，为这个古老传说提供一个有力的佐证。类似的证据在新宫市随处可见。这里的街道名、门牌号码、商店名，很多都有徐福、蓬莱的痕迹。几乎每个和歌山县人从孩童时代就知道，徐福在日本民间被尊为农神、蚕桑神、医药神，以新宫市的蓬莱山为中心，散布着徐福七位大臣的墓。这七座墓呈北斗七星状，后人曾经从其中挖掘出古刀、陶瓷器等。

新宫市徐福町有一块闹中取静的古朴墓园，这便是传说中徐福百年归西后的所在。整肃的墓碑耸立在两棵高大的楠树之间，正面镌刻着"秦徐福之墓"。这块碑高约 1.4 米、宽约 0.5 米，碑身和碑座典雅大方，不做刻意雕饰。碑前的石香炉，长年香火不断，两侧的花岗石花瓶里，常有进献的鲜花。明朝初期，出生于和歌山县的空海和尚来到南京，在向明太祖朱元璋献诗中提到"熊野蜂前徐福祠"，朱元璋阅后龙颜大悦。清末驻节日本的黎庶昌、黄遵宪都慕名前来参观过徐福墓，他们用诗文记录下拜祭徐福的感受。

"徐福"，这位历史真实性尚存争议的人物，却成为连接中日邦交的一条重要纽带，切切实实地拉近了两国民众的距离。出生在和歌山县的二阶俊博，看着各种徐福遗迹启蒙，听着各种徐福故事长大，对徐福有着一种非常特殊的情感。在他看来，徐福就是最早建立中日联系的"友好使者"。

二阶俊博对徐福的故事谙熟于心，他曾经告诉笔者一则有趣的小故事。1978 年 10 月，邓小平访问日本时，与日本朋友谈到"蓬莱国"与徐福的传说时说："当年徐福求到仙药没有，我不知道，但是我这次来，希望把日本优秀的科学技术带回去。"

听说了邓小平的这番话后，1979 年 2 月，和歌山县新宫市市长专门赴华访问，将传说中的"仙药"——天台乌药的三株树苗赠送给

日本的徐福雕像

邓小平,树苗未必是返老还童的仙药,却可以让老人家哈哈大笑。由此又留下了一段由"徐福东渡"引出的中日友好佳话。

这样的话,二阶俊博不仅在私下采访时说,在成千上万人的会场上更要说。2016 年 4 月 29 日,中国公共外交协会与中、日、韩三国合作秘书处在北京共同举办的"首届中日韩公共外交论坛暨 2016 年中日韩合作国际论坛"上,二阶俊博就在主旨演讲中深情地说:"日中之间人们交流的历史,是可以上溯到古代的。我的老家和歌山县的新宫市,有一座公园叫徐福公园,是一座精美别致的公园。公园名字的来历是 2200 年前,秦始皇派了徐福带领 3000 人到日本寻找长生不老仙药的故事。徐福他们当时就来到和歌山县。徐福看到新宫市气候温暖,风光明媚,而且民风淳朴,乡里和睦,他非常中意这个地方,所以就在此处定居下来,在这儿开垦土地,耕种收获,还把从中国带来的先进技术传授给当地的居民。徐福的子子孙孙从此繁衍生息,与当地人相亲相融。在江户时代初期,在我们新宫市就建了徐福墓,后来在这个徐福墓的入口处,又建造了一个中国特色的门楼,这座古色古香的中式门楼和周围的建筑融为一体,成为一道美丽的风景。中日两国人民之间自古以来就有深入交流,他们之间的情谊延绵不断传递到现在,我觉得徐福公园是一个非常好的例子。"

"问渠哪得清如许,为有源头活水来。"徐福就是中日友好交流的源头,正因为有了这样一个源头,无论中日交流过程中出现过怎样的逆流涧滩,任凭他们搅起浑浊的泥沙,都无法影响中日友谊之河奔腾前进。二阶俊博多次在不同场合表达过这样的意见,他认为,两千多年前,人们的航海技术非常有限,船只也比较落后,所以徐福在渡海前往日本的过程中,必定受到地理环境、自然条件的影响,历经了许多磨难。如今日本的很多地方都留下了与徐福有关的遗址、地名及传说,这些都是徐福到日本后艰苦创业过程的一种记录,也从侧面有力地佐证了徐福把当时中国最先进的生产技术、生活技能及文化传统传授给日本各地民众,极大促进了当地发展,因此备受人们的推崇和尊敬的事实。日本民众将他视为"救世的神灵",为他立碑建寺,并定期举行祭祀活动。而这种崇敬之情延续了两千多年,直至今日。徐福文化以其独特的魅力,已成为中日两国人民友好渊源的象征,并被两国人民世代传颂,影响了一代又一代为中日友好贡献力量的后来人。

二、阿倍访唐结深情

2015 年 11 月,二阶俊博在接受中国媒体采访时热情地表示,人民大会堂举行的中日友好交流大会上,习近平主席的重要讲话让参会者都很感动,他提到了阿倍仲麻吕等中日交流史上举足轻重的前辈,习近平主席的这些话让日本人都感到很亲切,也给他留下了深刻印象，因为他对此有着深刻的共鸣。

确实，二阶俊博对阿倍仲麻吕的事迹烂熟于心，采访中常常会插入他的轶闻趣事。几次采访下来，笔者和阿倍仲麻吕也成了"老朋友"。

阿倍仲麻吕是日本奈良时代的遣唐留学生之一，来到中国之后，他有了地地道道的中国名和字——晁衡，字巨卿。698 年，阿倍仲麻吕出生于日本奈良县。阿倍家族是日本孝元天皇后裔，父亲阿倍船守任职中务大辅。仲麻吕是家中长子，自幼聪明好学、才华横溢。这种出生皇族的"官二代"，才华横溢，学识过人，留在日本可以轻松拿到高官厚禄，前途无忧。可是，仲麻吕的青少年时代，正是中日往来频繁的时期，漂洋过海而来的璀璨夺目的盛唐文化让他对"大唐盛世"产生了无限的向往。

717 年，怀揣梦想的 19 岁青年仲麻吕作为遣唐留学生，从日本难波津（今大阪）远赴长安（今西安），前往异国他乡学习。同行的留学生中，还有后来成了日本右大臣的吉备真备。受限于当时的航海技术，仲麻吕一行采用四船并联的方式，对抗风浪，西渡东海。一路上风高浪险，好几次四船差点倾覆，仲麻吕一行人也险些葬身鱼腹。或许是上天可怜遣唐留学生的诚心，经过几个月的颠簸，阿倍仲麻吕一行人终于在扬州登陆，并于 9 月到达长安入"太学"学习。

仲麻吕经过数载寒窗苦读，竟然以优异成绩考中了唐朝的进士。"范进中举"的故事人尽皆知，读者很容易理解以唐初几万分之一的录取率，有多少中国人皓首穷经也难登天子堂，更何况一个"半路出家"的日本人。历代前往中国访问游学的日本人之中，考中中国进士的，也只有仲麻吕独一份。

对中华文化的痴迷让仲麻吕并未就此止步，为了继续深造，他决心留在长安而暂不回日本。唐朝是诗的时代，身处其中的仲麻吕，也被唐诗的魅力所折服，他喜欢诗歌，遇到妙语佳句，总是忍不住反复咏诵，久而久之，阿倍仲麻吕也成了出口成章的诗人，在盛唐诗坛占据了一席之地。对唐诗的喜爱让他和当时的许多文人骚客互相唱和，他和著名诗人王维、李白、储光羲等都有过亲密交往。储光羲曾写诗《洛中贻朝校书衡，朝即日本人也》相赠，储光羲的诗名也因仲麻吕而远播于东瀛，他的名字被供奉于日本京都的诗仙祠中。

仲麻吕在唐日久，备受厚遇。但是，时间一长，他的恋乡之情也越来越重。733 年，仲麻吕以双亲年迈为由请求归国，因玄宗皇帝挽留未能实现。752 年，日本第十一次遣唐使团到达长安，副使吉备真备和仲麻吕是当年同时入唐留学的好友，久别重逢，又勾起仲麻吕思乡之情。翌年，遣唐使归国时，仲麻吕请求同往。这时，仲麻吕入唐已有 37 年，从一个 19 岁的青葱少年变成了一位 56 岁的垂垂老者。唐玄宗感念他仕唐几十年，功勋卓著，家有年迈高堂，割爱允求，并任命他为唐朝回聘日本使节。任命一个外国人为中国使节，这在中国历史上极为罕见，说明仲麻吕得到了朝廷何等器重和信任。

仲麻吕获准回国的消息传出后，仲麻吕的朋友们，怀着惜别之情挥笔作诗。王维赠给他的送行诗《送秘书晁监还日本国》："积水不可极，安知沧海东。九州何处远，万里若长空。向国惟看日，归帆但信风。鳌身映天黑，鱼眼射波红。乡树扶桑外，主人孤岛中。别离方异域，音信若为通。"是中日两国友谊史的真实写照。

仲麻吕也以十分激动的心情写下了《衔命还国作》的动人诗篇，赠答友人："衔命将辞国，非才忝侍臣。天中恋明主，海外忆慈亲。伏奏违金阙，骈骖去玉津。蓬莱乡路远，若木故园林。西望怀恩日，东归感义辰。平生一宝剑，留赠结交人。"

此诗抒发了他留恋中国，惜别故人的感戴心情，意境深远，感人至深，是歌颂中日两国人民传统友谊的史诗，千百年来为两国人民所传诵。这首诗后来被收录在宋代《文苑英华》里，也是其中唯一一首外国人的作品。

753 年 6 月，仲麻吕随藤原清河大使一行辞别长安。10 月 15 日，他们分乘四船从苏州起航回国。是夕皓月当空，仲麻吕仰视海天,惜别中国,向往故乡,遂咏成和歌一首:翘首望长天,神驰奈良边;三笠山顶上,想又皎月圆。

诗意虽美,可命运偏偏要捉弄归心似箭的仲麻吕。他们的船途中遇到了风暴,因为触礁与其他三船失掉联系,后来被吹到越南的骥州海岸。不料又遭横祸,全船170余人绝大多数惨遭当地土人杀害,幸存者只有仲麻吕等十余人。

听闻仲麻吕在海上遇难,悲痛中的李白挥泪写下了《哭晁卿衡》的著名诗篇:"日本晁卿辞帝都,征帆一片绕蓬壶。明月不归沉碧海,白云愁色满苍梧。"李白把仲麻吕比作洁白如碧的明月,把他的死比作明月沉碧海。诗句感情充沛,字字珠玑,恰如其分地表达了两人的诚挚友谊。

755年6月,历经艰险回到长安后的阿倍仲麻吕,看到李白为他写的诗,百感交集,当即写下了著名诗篇《望乡》:"卅年长安住,归不到蓬壶。一片望乡情,尽付水天处。魂兮归来了,感君痛苦吾。我更为君哭,不得长安住。"两诗皆以情感人,发自肺腑,成为中日友谊史上传诵千年的不朽名作。

此后,仲麻吕历任左散骑常侍兼安南都护、安南节度使,成为了中国历史上仅有的一位日本人节度使。770年,仲麻吕在长安逝世,时年72岁。唐代宗追封他为"二品潞州大都督"。阿倍仲麻吕的身留在了长安,而他的魂化做仙鹤飞回奈良,成为传递中日友谊的使者。

一千两百年后,为了纪念这位中日文化交流杰出的使者,1978年,西安市和奈良县决定在两市各建一座纪念碑供后人瞻仰和缅怀。次年,西安的纪念碑在曾经见证过"开元盛世"的唐兴庆宫遗址内落成,它由中国著名建筑大师张锦秋设计,为汉白玉砌筑,仿唐结构,碑高5.36米,端庄峻拔。碑正面刻有"阿倍仲麻吕纪念碑"八字,背面镌刻其事迹,柱顶四侧是表现中日友好的樱花、梅花浮雕,柱基是采用莲瓣雕饰,柱板上刻日本遣唐使船浮雕,李白的《哭晁卿衡》诗和阿倍仲麻吕的《望乡》诗相伴两侧,成为阿倍仲麻吕曲折传奇的一生最好的注脚。

阿倍仲麻吕纪念碑

因为推动两国之间的文化交流而青史留名,是对阿倍仲麻吕最大的肯定,也让同样致力于促进中日友好关系的二阶俊博引以为荣。阿倍仲麻吕的生平事迹,二阶俊博比好多历史学家记得都熟,他好几次前往西安拜谒阿倍仲麻吕的纪念碑,每一次都会眼含热泪,反复诵咏石碑上镌刻的诗句。他一次次饱含深情地对笔者说:"作为日中友好和文化交流的先驱者,阿倍仲麻吕将生命中最美好的时光都献给了两国的友好事业。他们这些用青春与热血所建立的伟大业绩,今天已结成累累硕果,我们一定要珍惜。有时间,你一定要去看看!"

三、同乡空海广推销

出身于和歌山县的空海和尚,也是二阶俊博非常敬佩的人物。

这位为中日关系作出了卓越贡献的"老乡",是他推动中日友好的标杆与榜样。只要有机会,二阶俊博都不忘介绍空海和尚,大家逗趣地称他为"空海大师的推销员"。二阶俊博口中的空海和尚,与鉴真和尚一样,在中日佛教文化交流史上有着日月同辉的地位,所以他们总是作为中日各自"民间友好使者"的代表,成对出现。

2006年10月9日,由人民日报社和日本经济新闻社共同举办的第十一次中日经济讨论会,在湖水荡漾的浙江省湖州市长兴县举行。二阶俊博在主题演讲中用十足的诚意说道:"我想利用一点时间谈一下日中两国民间交流方面的一些事情。日中两国在文化、历史等方面有着非常深远、长久的接触和交流。在此,我想借两位在日中之间颇受尊敬的、影响最广的人物,中国的鉴真和尚和日本的空海和尚回忆一下中日友好交流的历史。"

"鉴真和尚代表中国的高僧,广受人们爱戴,他接受了日本朝廷的邀请,怀抱着日中交流的崇高理想,下决心东渡日本,尽管失败五次,最后以致失明,尝尽千辛万苦,历经12年,在第六次东渡的时候,终于成功来到了日本。公元759年在奈良先创建了唐昭提寺,作为将佛教和中国文化传授到日本的高僧,在日本国民中名望甚高。"

"弘法大师空海,是日本有名的僧侣,他在高野山创建密教,广受人们的敬仰。空海在公元805年在唐都长安师从慧果学习律法,回日本后传播真言密教,在公元823年设立了第一所理想教育的私立学校,由此打开了日本迈向近代文明的大门。高野山就在我的家乡和歌山县,它两年前被登记为世界遗产,如今来自世界各地的人们来访此地,对其源远流长的日中文化交流史惊叹不已,我以此为荣。正因为有了这两位高僧大德不惧艰险在两国之间传递友谊的信息,今天的人们才能看到唐招提寺的大气庄严,才能领略真言密教佛法真义。日本受到中国文化极大的影响,像鉴真和尚和空海和尚这样伟人的交流使者是非常重要的。未来,我们更要注重国民相互之间的交流,通过交流,就能够消除误解,增加感情。"

空海和尚雕像

"推动中日两国友好交流的事,不仅要说,更要做。2011 年 8 月 6 日,参加'阳光海南,爱心传递'活动的'东日本大地震'灾区的日本学生,来到了见证中日佛教文化交流的三亚南山佛教文化苑。日本律宗的开山始祖、被日本人尊称为'过海大师'的鉴真和尚,第五次东渡日本失败后就曾经来到这里。这一次,为纪念鉴真和尚东渡日本而兴建的南山寺,专门为日本小客人举办了祈福法会。"

"我们带日本小朋友海南之行的一个重要内容,就是到这里学习鉴真和尚为了实现理想百折不挠的精神!鉴真和尚当年第五次东渡日本失败来到海南,其中日本的空海和尚也在这个队伍中。他们两人都是为中日友好作出重要贡献的伟大人物。"率团到海南的二阶俊博说。

看到大家兴致很高,二阶俊博又一次不遗余力地做起了"空海推销员",给大家讲起了空海的小故事。"你们不知道吧,空海15岁时就熟读《论语》《孝经》《史记》等中国的传统文化经典。18岁时,他进入京都的大学明经科,学习《书经》《诗经》《左传》等著作,有一次偶然读到《虚空藏求闻持法》,信佛而作'居士'。795年,他在奈良东大寺剃度,法名空海。"

一次很偶然的机会,他有幸结识了遣唐使之女喜娘及其侍女娜,她们给他描绘的大唐盛世让空海对海那边的世界充满了好奇。为了倾听远方的声音,空海从福原出发,涉足四国,一路继续他的修行生涯。途中遇到了为解救被囚禁的无辜百姓而被日本当局视为"暴徒",受到残酷镇压的安底利和小槌,并为他们疗伤。有感于这种人世间的苦痛,空海决心西渡大唐求取真经。

804年5月12日,空海作为"学问僧",随第十七次遣唐使团登上航船。这是一次生死一线间的艰难航程。船队从难波津(现在的大阪港口)出发,途经博多驶往中国。因为海上风险巨大,往往是"出师未捷身先死",同行的多艘船只,最后顺利抵达的只有一两艘,此次也不例外。船队第3只、第4只航船驶出海港没多久就被风暴吞噬。幸好,空海不在这两艘船上。可是,空海的船很快也因暴风雨迷失方向,在茫茫无边的大海上漂泊数月后,终于在8月10日在福州长溪县赤岸镇靠岸。对于这些突然而至的船只,福州官府以"海盗嫌疑"将他们扣留。紧要关头,空海的汉学修养发挥了重大作用,他代替遣唐大使,向福州府写下陈情书,这样,在被扣留了50多天后,遣唐使团得以向长安进发。

又经历了两个多月的跋涉,遣唐使团于次年抵达长安。长安城的街景繁华,建筑阔达,一派泱泱大国的宏伟气势,让空海感慨不已。为求得佛法,空海遍访各大寺院,寻访高僧,广交文士,潜心修习梵语。长安青龙寺的惠果大师,是第一位把金刚经与密教两派融于一身之人。空海每天来到他的床榻边，接受他的教诲，真诚的向佛之心感动了惠果大师。最后，空海作为密教第八代"阿阇梨"，从惠果那里接受了"普照金刚"的称号。惠果大师圆寂后，空海奉唐宪宗之命为之撰写了碑文。

通过长安的学习，空海的佛法日臻精进。806年，他得到唐朝廷批准回到日本，进入京都高雄山寺，从事传法灌顶，并于816年在高野山顶创立"金刚峰寺"，成为日本密教创始人。823年，京都东寺被诏赐为密教永久根本道场，"东密"名称由此而来。921年，空海西去之后被醍醐天皇赐谥"弘法大师"。

当年，空海从中国带回的不仅有佛教经典，还有《刘希夷集》《王昌龄集》《朱千乘诗》《贞元英杰六言诗》《杂诗集》《杂文》《王智章诗》《诏敕》等大批文学方面的作品。装在行李中的书籍是无价宝，装在头脑中的知识更可贵。特别值得一提的是，空海回国后编纂的《篆隶万象名义》，是日本的第一部汉文辞典，对唐文化在日本的传播起到了至关重要的作用。而空海的另一部重要著作《文镜秘府论》，不仅促进了日本对唐朝文化的理解和吸收，更是了解汉唐中国文学史的重要资料，具有非常高的史料价值。

出生于和歌山县的二阶俊博，对"老乡"空海的事迹与贡献如数家珍。故事讲完了，这位称职的"空海推销员"还不过瘾，他接着评价说，空海遣唐，步鉴真和尚东渡之后为日本带来了中国盛唐文化，促进了日本文化的发展，在日本声望极高。自唐末五代十国以来，密教的两部大法因为战乱失传，幸好空海大师把它们带到了日本，完好流传下来，这是千古幸事，也是众生福德所致。高野山是空海大师亲手开辟的密教根本道场，无论东密之古义、新义，皆源于此。从民国初年至今，许多中国的高僧大师前去高野山修学密法，并努力回传中国，造福众生，使得中国得以重现纯正密教。虽然人有国界，但是佛法和文化无国界。这一点从空海大师的事迹中就可以充分体现出来。空海大师不仅是和歌山县之幸，也是日中两国之幸。正是因为有了空海大师这样的友好使者,日中两国的文化精髓才得以互相保存。

四、隐元弘法渡众生

在中国福建省的福清市与日本京都府的宇治市,有两座寺庙,就像镜子内外的两个影像,拥有着同一个名字——"黄檗山万福寺"。这可不是什么机缘巧合,而是源于同一位高僧步生莲花的印迹,有着深厚的历史渊源。1654 年,福清万福寺住持、禅宗临济宗高僧隐元隆琦,应邀前往日本。他不畏艰险,东渡弘法,在佛教史上产生深远影响、为中日文化交流作出了杰出贡献,也深受日本民众爱戴。后来,掌权的德川第四代将军家纲在宇治拨了一块地给隐元建寺开坛。隐元按照曾经担任住持的中国福清"黄檗山万福寺"式样,建造了一座宏大的寺庙,仍取名"黄檗山万福寺",以示不忘本,在日本开创了"黄檗一派",从此,两座黄檗山万福寺隔海相望。

隐元大师在日本创建的黄檗山万福寺

隐元大师作为传递中日两国友谊的使者,总是会被后人记起。2015 年 5 月,中国国家主席习近平在人民大会堂参加中日友好纪念大会时告诉二阶俊博,他在福建省工作时,就常常听人们谈起 17 世纪中国名僧隐元大师东渡日本的故事。在日期间,隐元大师不仅传播了佛学经义,还带去了先进文化和科学技术,对日本江户时期经济社会发展产生了重要影响。2009 年,习近平访问日本时还到访了北九州等地,亲身体会到了两国民众由此割舍不断的文化渊源和历史联系。

其实,与习近平一样,二阶俊博也是一个地地道道的"隐元粉"。当笔者问起如何看待隐元大师时,他马上兴致勃勃地打开了话匣子。

谈起隐元大师,难不倒我!隐元大师出生于 1592 年,正值明朝末年。10 岁时,父亲出远门后音信全无,家中失去了顶梁柱。隐元大师被迫辍学,在劳动中度过了艰辛的少年时代。隐元 20 岁时,家里人开始张罗着给他办婚事。但是,隐元坚持要拿着办婚事的钱去寻找父亲,从此踏上漫漫旅程。23 岁时,他来到佛教圣地之一的普陀山。浸染在浓浓的佛教氛围下,隐元决定断绝尘缘。29 岁时,终于在福建黄檗山万福寺出家。历经多年潜心修行,隐元成为了万福寺的住持。隐元法门深广,在他的影响下,万福寺从 300 多人发展到 1700 人,成为蜚声海内外的名刹。

1625 年 4 月 6 日清晨,正当隐元大师带领大家颂课念经之时,一寺僧跑进来禀报:"有客人求见师父。"来者是几个商人,为首的叫何素如,是经常来往中国与日本长崎的"福州号"船主。何素如躬身向隐元大师递上日本长崎兴福寺住持逸然性融的信函,隐元大师抽出信笺,只见上面写道:"黄檗山万福寺住持隐元大师鉴:久闻临济之道弘扬天下,大师声名,亦早已在日本佛教界传颂,今我日域久乏宗匠,佛界衰微,道风日下,顷受幕府、家纲将军之命,冒昧有请大师东来,重立纲宗,阐扬临济之道,大光于我日本国……"信末还有逸然和尚以及 13 名幕府高官的联合签名。

7月6日，隐元大师复信，以"年老途远，故不能从"而婉言谢绝，之后逸然和尚又接二连三地托信邀请隐元大师东渡，也被婉拒。直到后来发生的一次变故，才让隐元大师改变了决定。隐元大师的弟子也懒受到崇福寺邀请赴日，但是途中遭遇风浪，舟覆人亡。此事对隐元大师震动很大，他为年轻的弟子深深惋惜。当第四次接到逸然和尚邀请时，隐元大师感叹道："子债须父还！"毅然决定东渡弘法。

1654年5月1日，隐元大师辞山启程。众僧侣明白大师年事已高，此一去不知何日才能得以相见，早已泣不成声。

辞别众僧徒，63岁高龄的隐元大师率领30名颇有学问的弟子，踏上了前途未卜的赴日旅程。由于隐元大师被传有反清情绪，一直受到清廷的监视，他们的东渡计划让清廷如临大敌。清廷下令厦门沿线昼夜盘查，一旦发现他们的踪迹格杀勿论。师徒们在开元寺躲藏数天后，在一个寂静的深夜悄然潜出泉州。不想行至厦门集美附近时，突然黑暗中杀出一队清兵，将隐元师徒团团围住。危急关头，幸得郑成功派出的救兵及时赶到，隐元大师一行才脱离险境。

在郑成功堂兄郑彩将军的护送下，隐元大师一行顺利抵达厦门岛。郑成功在码头上为隐元举行了盛大的欢送仪式，并赠送许多银两、布帛、食品等。隐元大师辞别故土，心中升起无限感慨。海上的天气说变就变，启程八天后，风浪骤起，巨大的海浪把船桅杆折断，船在海上团团转，船尾舱也开始漏水。隐元大师马上带领弟子脱下衣服堵塞漏洞，开始了与台风三天三夜的搏斗。望着衣不蔽体、衰弱不堪的弟子们，隐元大师迎着海风站在船头双手合十，祷告佛祖，保佑平安渡海。许是诚意动天，海上终于恢复了平静，众僧动手修复被台风摧坏的桅帆继续东去。航行13天后，他们终于遇上了两艘正在寻找他们的德川幕府的官船。当官员登船时，眼前的一幕让他们受到极大的震动，中国僧人大都衣不蔽体、奄奄一息，唯有隐元大师盘坐在舱内。他们立即送上食品和药品、抢救中国僧人，一面派人去长崎报告消息。

1654 年 7 月 5 日上午，隐元大师在幕府官员和僧人簇拥下，穿过路旁参拜的欢迎人群来到长崎东明山的兴福寺。消息传遍日本各地，众男女僧俗涌往兴福寺日夜参拜。

7 月 18 日，隐元大师在兴福寺举行了第一次讲法会。寺内外跪满了数千僧众，聆听他主讲《生命之流——业与轮回》。隐元大师讲三小时，僧众们就跪听了三小时。隐元大师广征博引，说理透彻，众僧听了无不赞叹。隐元大师的讲法会引发巨大轰动，日本各大寺院纷纷来信邀请他前往讲法。隐元大师从长崎出发，沿途被热烈欢迎的僧众拥进各寺院讲经，本来用不了多久即可到京都宇治建寺，竟拖了数月才到。

隐元大师的到来，为日本佛教界吹进了一股清新之气，直接听过他说法的日本人达数万人。隐元大师还开过三回"三坛戒会"，为两千多人受戒。自此之后，隐元大师创立的"黄檗宗"在日本生根开花，代代流传，发展到今天，信众已达数百万人，被誉为日本禅宗的中兴之祖。

1673 年，水尾天皇赐予隐元大师"大光普照国师"尊号，三天后，隐元大师圆寂。而在他圆寂后 50 年、100 年、150 年之际，日本天皇都会授予他新的国师法号。1722 年，灵原天皇授予他"法慈广鉴国师"法号；1772 年，后桃园天皇授予他"径山首出国师"法号；1822年，仁孝天皇授予他"觉性圆明国师"法号；1917 年，大正天皇授予他"真空大师"法号；1972 年，昭和天皇授予他"华光大师"法号……一次又一次的钦授，是天皇顺应民意的纪念行为，由此，也可见隐元大师在日本的地位之高。

而隐元大师带到日本的不只是宗教，还有当时中国先进的美术、医术、建筑、音乐、史学、文学、印刷、食品等信息，桩桩件件，对整个江户文化都产生了深远的影响。江户时代的日本人以隐元大师带来的明版《大藏经》为蓝本，刻写《铁眼版（黄檗版）一切经》并印刷、刊行，不仅使日本的佛教研究得到了质的飞跃，而且也使出版印刷技术获得革新与发展。

　　详细介绍完隐元大师的故事，二阶俊博还饶有兴趣地告诉笔者，隐元大师一行还把许多中国的食品和日用品带到了日本，现在日本以隐元命名的食品和日用品，除了"隐元豆"之外，还有隐元帽子、隐元头巾、隐元笠、隐元坐垫、隐元茶、隐元豆腐等，他还是日本"普茶料理"的始祖。

　　尤其让二阶俊博感到欣慰的是，随着中日两国民众的友好往来不断发展，对隐元大师的纪念活动也越来越受到两国人民的重视。1979 年 12 月 2 日，日本组成了庞大的"黄檗宗友好访华团"，专程到隐元大师的故乡谒祖、拜塔，使中日佛教文化交流又得以恢复。1992 年，隐元大师诞生 400 周年之际，日本各界人士纷纷捐款，将两国黄檗山万福寺修葺一新，以资纪念。

　　"其实，我们常说的'日中友好源远流长'，并不是一个空洞的概念，而是可以通过一个个人得以具体呈现的。徐福、阿倍仲麻吕、空海和尚、隐元大师这些友好使者，不论日中关系如何变换，都无法从两国历史上抹去。你让两国民众忘掉他们，做得到吗？这些人带来的影响，已经深深融入了两国民众的思想与生活中，形成了基因。只要这种友好的基因不断传承下去，日中关系的未来就绝对是光明和美好的。"谈起这些名留青史的前辈，二阶俊博对中日友好长久发展的信心更坚定了。

第五章

来自父母的"正能量"

　　人的成长是一种奇妙的经历,起起落落的跌宕起伏中,各种选择会影响一个人的人生方向,学者将其称为"蝴蝶效应"。对于天生善于模仿和学习的孩子来说,父母是活的教科书,在个体的成长过程中,家庭教育的重要性远远超过学校教育和社会教育,"耳濡目染,不学以能"。而童年,是一个人永远的心灵故乡,敏感而清晰地记录着生命之始的初体验,家庭与童年,是为人定下基调、影响性格甚至一生的决定性因素之一。

　　在二阶俊博的人生中,无论面临什么样的困难,遇到什么样的问题,他的选择都能让人感觉到积极向上的"正能量"。在谈到二阶俊博的从政宗旨时,很多人都会用"政者,正也"来形容。而这种"正"的力量源泉,无疑来自于他的父母与童年。

　　他曾经说道:"我在生命的路上不停地走着,每次彷徨与困惑的时候,我都能听到父母的声音与童年的呼唤。"

一、言传身教承父志

二阶俊博出生于 1939 年 2 月 17 日,祖籍和歌山县御坊市新町。那是一个民风淳朴、风景宜人的地方。母亲二阶菊枝,是著名医生古久保良辅的女儿,也是日本当时罕见的女医生。

父亲二阶俊太郎 1900 年 12 月 23 日出生于和歌山县西牟娄郡。与二阶俊博不同,二阶俊太郎年轻时的经历颇为丰富,不过与政治都没有太多交集。他曾是"东洋汽船太平洋航线公司"的一名乘务员,有过十几次横跨太平洋经验。辞掉乘务员工作后,他还当过筏夫,从事过养蚕业。之后,又回到自己的母校安居小学当了一名代课老师。

代课教师的工作固然有极大的现实意义,不过,站在讲台上面对孩子们"传道授业解惑"已经不能满足二阶俊太郎对未来的规划,他需要一个更大的人生讲台。二阶俊太郎开始迷上了街头演说。他喜欢听别人演说,被那种热烈的气氛深深地感染,演说的魅力竟是如此的神奇,足以影响和改变周围的人,他也想试着自己做演讲。在不断练习演讲的过程中,在与社会各阶层面对面的交流中,他渐渐体会到公正合理的政治理念对民众生活的影响,对推进日本社会进步的重要性。二阶俊太郎内心感受到一种强烈的责任感和使命感的推动,他下决心要做一名政治家。

与现在的政治状况不同,当时日本的选举基本上是通过演说来定胜负的。所以,一个人演说能力的好坏,直接决定着他能否顺利进入政界。或许因为传媒发展的历史局限,那时候的日本民众非常喜欢听街头演说,人们对演说总是充满热情。或许是因为那段代课教师的经历打下了良好的基础,经过不断的练习,二阶俊太郎的演说,成功地引起了市民的关注,他善于带动情绪,每一次都能振奋人心。

或许是源于父亲的影响,在御坊中学学习时,二阶俊博被选为辩

二阶俊博的父亲二阶俊太郎

论队的一员。在一次以"社会贫富差距问题"为主题的辩论中，二阶俊博以引用岛崎藤村的社会小说《破戒》来形容当今的人权问题，得到了人们的一致好评。

不过，仅仅擅长演说还是很难成为一名合格的政治家的。"将赡才力，务在博见"，为了更深刻地理解政治，丰富自己的见识，二阶俊太郎决定去《纪伊民报》社，当了一名记者。经过知行合一的学习和努力，他成为御坊分社的主任。深知政治家不能总是寄人篱下的二阶俊太郎，在积累了一定新闻经验后，决定创建一份能够体现自己风格的本地报纸——《日高日日新闻》。

经营报社开阔了他的眼界，拓展了他的人脉。在工作过程结识的和歌山县议员小池丑之助，成了二阶俊太郎打开通往政坛之门的伯乐。在小池的引介和帮助下,二阶俊太郎开始向政界靠拢。1938年3月,也就是二阶俊博出生前一年,39岁的二阶俊太郎正式跨入政界,他在和歌山县议会议员的补选中以绝对优势顺利当选。从这一刻起,二阶家与政治就分不开了。

二阶俊太郎为人敦厚诚实,不喜欢与他人争辩,遇事总是以和为贵,侧重疏导劝解,注意从根源上解决问题。也正因如此,他在当地老百姓心中具有很高的威望。1940年9月,二阶俊太郎担任县议员期间,还兼任了日高郡稻原村的村长。在别人看来,管理矛盾重重积怨颇深的稻原村是一个棘手又不易出成绩的苦差事。但是,二阶俊太郎觉得,议员不仅是在议会里高谈阔论辩论政策,还要俯下身子与民众一起,实实在在解决一些问题。体恤民情,事必躬亲的二阶俊太郎很快让"争吵永无休止"的稻原村变得和睦起来。越来越多的村民盼望着二阶俊太郎也能来管理自己所在的村庄。和歌山县议会的议员们干脆送了他一个"议员村长"的外号。

议员村长两头忙,这还不算完。1943年4月,根据军部的命令,和歌山县知事广濑永造、日本邮船社长寺井久信准备以中和造船公司为基底,成立新公司,承担起建造登陆艇和百吨级木船的任务。经过多次协商讨论后,他们决定在西牟娄郡成立新的"御坊造船株式会社"。公司草创后,御坊造船株式会社开始在西牟娄郡大范围招揽木工和技术人员。既是近水楼台,又是轻车熟路,担任御坊造船社长的重任,自然落到了有航运经验的二阶俊太郎的头上。

二阶俊太郎的工作越来越忙碌。他身兼县议会议员、村长、造船社长三职于一身,成为和歌山县一位身份特殊的重要人物。

几乎在政治事业起步的同时,二阶俊博出生了,接二连三的变化让二阶俊太郎欣喜万千。不过,有这样一位身兼数职、致力于在政坛做出一番事业的父亲,这也注定了二阶俊博的童年会比其他孩子缺少父爱的陪伴。

也正是在这时,日本政府机构农林省派了一位名叫远藤三郎的人,前往和歌山县担任经济部长。当时可能谁也没有想到,远藤三郎会在未来的日子里对二阶俊博的人生产生深远的影响。有一天,和歌山县知事广濑永造把俊太郎叫到办公室,称有一份重要任务要交给他。广濑说:"此次作为经济部长来和歌山县的远藤先生,将来肯定会成为非要重要的人。你要好好保护他,不要让县议会的重炮手们攻击他。"这份"保护"与"被保护"的特殊任务,便是二阶俊太郎与远藤三郎友谊开始的契机。因为这个机缘,两人倾盖如故,聊得非常投契,关系不断加深,很快成为了挚友。

正如广濑知事所预言的"远藤注定会成为伟人"一样,在经历了几年的基层磨炼后,1949 年 1 月,远藤三郎正式参选国会议员并顺利当选。与这位好友相比,二阶俊太郎的国会议员之路却显得非常坎坷,他在 1946 年 3 月的众议员大选中,以排名 16 的劣势,败选。"君子交有义,不必常相从"。尽管远藤三郎 1944 年 7 月就回到了农林省大臣官房文书课,但他与二阶俊太郎的联络却一直没有中断。而他给二阶俊太郎写的"我下定决心参选"的信,至今还保留在二阶家中。

父辈的友谊发展到二阶俊博这里,有了更温暖的意味。看着二阶俊博长大的远藤三郎,一直把他当作自己的儿子看待,尽可能地为他提供各种机会。为了让二阶俊博有更好的发展,远藤三郎让 21 岁的他担任自己的秘书,而这一干就是 11 年的岁月。作为远藤三郎的秘书,二阶俊博一方面成为其值得托付的左膀右臂参与各种工作和活动,另一方面自己也积极把握这个难得的机遇,不断学习和积累经验,为以后从政做准备。

被议员、村长和社长占据了所有时间的二阶俊太郎总是埋首工作,二阶俊博几乎没有与父亲共同玩耍的记忆。公事繁忙的父亲偶尔回家之际,来访的客人也是络绎不绝。他们中的很多人,已经习惯在二阶家边工作边吃饭了。在年幼的二阶俊博看来,自己的家就与"公民馆"一样忙碌。他印象中好不容易有一次去白浜温泉"家庭旅行"的机会,还是跟御坊造船会社的社员一起去的。这在平常人眼中,根本不算什么"家庭旅行"吧! 不过,二阶俊博并没有因父亲没有时间陪自己玩而心生埋怨。二阶俊博很理解父亲,正是父亲的言传身教让他明白了身为政治家的责任,他经常说:"从父亲身上我了解到,政治家是一份很忙的工作,并不完全属于一个家庭。"

二、食为民天结土缘

四岁时,二阶俊博家中突然多出来一个叫"土地改良区"的事务所。担任事务局长的是一位被称为"铃木叔叔"的人,他作为事务所的工作人员,基本上是常驻二阶家的。议员、村长、社长,三重身份已经让二阶俊太郎弥日累夜的工作了,为什么还要在二阶家中设立事务所? 这缘于多年扎根基层工作的二阶俊太郎对农业和农民的深厚感情,"民以食为天",他深知在多山的日本发展农业的重要性。他在议会中主要负责土地改良的工作。为了工作方便,分身乏术的他才在家中设立了事务所。天真的二阶俊博对父亲的工作懵懵懂懂,他很快将事务所当作了自己玩耍的场所,经常喊着"铃木叔叔"陪他一起玩。有这么个可爱的小人儿在自己身边转来转去,忙碌的工作似乎也变得轻松一点,铃木只要一有时间,就会陪二阶俊博玩耍。而每次二阶来找他,他都会给二阶一些红铅笔画图。直到现在,这都是二阶俊博记忆中最快乐的一段时光。

从政之后的二阶俊博对土地改良工作倾注了非常多的心血。回想起小时候"土地改良区"留下的那些有趣的记忆,他的心里就不由自主升起一股暖意,"要说起来,自己关注土地改良的出发点就是在这里呀!"记忆之初的那一眼泉水,一路汇流,不断扩充,终成江河。2015 年 3 月 25 日,日本全国土地改良事业团体连合会(以下简称"全土连")召开总会,作为日本自民党总务会长的二阶俊博当选为新一届会长。

全土连主要从事农用排水设施的管理和农用地的整备等农业相关工作。长期工作在基层的父亲始终关心农民疾苦，重视农业发展，在"土地改良区"长大的二阶俊博也是一样。他就任全土连会长后的总会演讲中称，自民党赢得了选举，夺取了政权，自民党必须站在广大农民的立场上，提出预算编成案。

二阶俊博说："民主党执政时期，全土连的预算减少了7成。这样，我们面对的首要问题便是让被削减的预算复活，并为此不懈努力。另外，通过各都道府县的报告，我知道，因财政支持力度不够，土地改良的工作，陷入了停滞状态，到处都是悲鸣。因此，我提出了'土地改良战斗'的口号，下决心为全土连争取。托大家的福，去年年末的2015年度补正预算与2016年预算案中，政府为我们确保了4810亿日元的预算。"这4810亿日元的预算与2014年补充预算和2015年预算的3588亿日元相比，增加了1222亿日元，提高了3成。这可以说是二阶俊博"土地改良战斗"的重大成果。2016年夏季日本参议院大选，在比例选区中，二阶俊博领导全土连拥护农林水产省出身的进藤金日子出马。进藤出生于秋田县的农村，他对土地改良充满了热情。在二阶俊博的支持下，进藤顺利当选，成为了支持日本农业的干将。

不可否认，日本的农业改革已经是迫在眉睫的问题。如今，日本的农业农村问题堆积如山，过疏化、高龄化、从业人手不足、地区活力欠缺等问题成为限制农业发展的壁垒。而且，因为对大米的前景抱持怀疑态度，日本的农民忧心忡忡，根本无法安心生产。另一方面，日本农业水利设施的不断老化，也给粮食生产和相关行业带来严重经济损害。再加上《综合性TPP关联政策大纲》的通过，更给本已如同厝火积薪的日本农业增添了一层危险。

对农业和农民有着深厚感情和渊源的二阶俊博认为，要振兴日本的农业、农村，自己有责任竭尽全力为他们做些什么。除了担任全土连会长外,在日本前首相森喜朗引退后,二阶还担任了"自民党农村基盘整备调查会"的新会长。该会汇集了自民党内在土地改良方面的各种人才,这让二阶俊博觉得如虎添翼,对将来工作的顺利开展充满信心。

九层之台,起于累土。真要说起二阶俊博在农业领域的耕耘,却是在很早以前。1945 年 3 月,美军的空袭越来越频繁,人口密集的城市都受到"燃烧弹"的围攻,二阶俊博和祖母被疏散到那个曾经"争吵永无休止"的稻原村避难,6 岁的二阶俊博也开始了在稻原小学的学习生活。

不过,二阶一家在稻原村的避难生活并没有维持太久。7 月 24 日,美军的轰炸更加猛烈,又正值日本小学放暑假,二阶一家开始考虑往更安全的内陆地区迁徙,此次避难的地方叫"大泷川"。为什么会选择大泷川,这背后有一段充满人情味的往事。在此之前,属于经济欠发达地区的大泷川是没有电灯的。一直关注社会民生问题的二阶俊太郎清楚地认识到,电力是提高农业产量、发展新经济模式的基础,也是改善民生的先决条件。注意到大泷川缺电的情况,二阶俊太郎通过自己的努力,为大泷川拉来了电线,配置了电灯。从此,原本黑漆漆的山村夜晚有了光明。在当地百姓心中,二阶俊太郎是给他们的生活带来巨变的恩人,他们一直心存感激。

得知二阶一家正在避难时,大泷川村民向俊太郎发出热诚的邀请。淳朴的村民们说:"您家人的食物由我们来提供,请到我们这里避难吧!"要知道,在被战争拖垮的 1945 年,日本全国都受到资源匮乏的影响,加上 1944 年因为严寒等恶劣天气条件的影响,农产品严重歉收,"地主家也没有余粮",有人愿意管吃管住收留他们全家,简直是天大的恩惠啊!于是,绝渡逢舟的二阶一家就住到了大泷川佐佐茂平家。这段避难经历给年幼的二阶俊博留下深刻的印象,让他对父亲做人和为官的品格有了切身体会,也让他明白了施惠于民就能赢得民心的道理。

避难生活并没有持续太久。为了尽早结束战争,美国在 1945 年8 月分别在广岛和长崎投下了原子弹。蘑菇云带来的不仅仅是长崎广岛两地灾难性的毁灭,也让日本各地都笼罩在战败的阴影之下,尽管日本政府表面上还不愿承认。不过,8 月 15 日昭和天皇所谓的"玉音放送",让这一切都画上了句号。这一天非常炎热,日照很强,二阶俊太郎叫齐全家,围着收音机,收听了天皇的讲话。虽然周围的大人们强忍着没有哭出声,但很明显,他们的情绪受到了很大的打击。父亲陷入了久久的沉思,他没有对二阶俊博解释任何东西,只是在那呆呆地坐着:焦土之中,断壁之下,在战争受到伤害的人们如何生活下去? 食不果腹,衣不蔽体,作为生活保障的农业生产如何进行? 已经是小学生的二阶俊博,对发生在自己身边的变化还是看得非常清楚的。他知道,日本要变天了。

战争结束后,二阶俊博最先去的地方是稻原村。因为他曾在那的田地里种下了西红柿,这可是他第一次从事农业劳动,他迫切地想要看到自己的劳动果实。他想,几个月过去了,西红柿肯定熟了,红彤彤的果实挂满枝头,那景象一定很美。可是,当他带着满心欢喜赶到田地里时,眼前的场景让他傻眼了。西红柿已经熟过了,腐败溃烂落了一地,他来晚了! 年幼的二阶俊博望着腐烂的西红柿,强忍住沮丧的心情。在父亲潜移默化的影响下,二阶俊博与农业有着非常深厚的情感。尽管此次种西红柿的体验以失败告终,亲身参与农业劳动的过程却让他明白农民的辛苦和期盼收获的心情,让他对农业和农民有了最切身的体会,年幼时这段因为避难而起的务农经历,无疑是他日后从事农业相关工作的起点。至今,在谈到"烂掉的西红柿"时,他还满怀遗憾。

避难结束了,二阶俊博从稻原小学转到御坊小学,开始了新的学习生活。而父亲也将面临新的考验,他经营的御坊造船株式会社因为承担了要对苏联进行赔偿的任务,必须全面加速造船事业。责任重大的父亲愈加忙碌。与此同时,为了在政治上实现更大的抱负,父亲还准备参选国会众议员。从县议员升至国会议员,这对他来说是个不小的挑战。务实亲民的二阶俊太郎有很多支持者,白浜温泉的经营者小竹林二便是其中之一。在得知二阶俊太郎要参选众议员后,他慷慨解囊资助了一辆选举车。"鲜花赠美人,宝剑配名士。"对于二阶俊太郎来说,得到支持者提供的汽车,不仅仅代表了物质方面的帮助,更意味着选民对自己的信任。

说起来,之前远藤三郎来和歌山县担任经济部长时,和歌山县也给他配了一台木炭车。不过,与那辆直冒黑烟的木炭车相比,二阶俊太郎的选举车显然高级了不少,至少,这是一辆加油的汽车。虽然这辆车经常半路抛锚,耍耍小性子,但坐着新潮气派的汽车去选举,二阶俊太郎要方便很多。更何况那时候,整个和歌山县都没有几台像样的汽车,支持者的这份信任带给二阶俊太郎难以言喻的荣耀和信心!

1946 年 3 月,日本开始举行二战后第一次众议院选举。和歌山县选区共有 6 个议席,然而,竟然出现了前所未有的 48 名候选人。无疑,这对二阶俊太郎来说是一场恶战。很快,投票结果公示了,俊太郎在 48 名候选人当中获得第 16 位,遗憾落选了。不过,他并没有灰心丧气,而是加紧投入了下一场选战。

为什么这么多人参选?二战战败后日本的工作机会减少是一大原因,但是御坊地区的政治氛围好也不可忽略。二阶俊太郎所在的御坊地区,有着热心于参政议政的传统,喜欢政治的人非常多。御坊地区也出了不少政治名人,其中,最著名的便是众议院议员田渊丰吉。他与政界大头永井柳太郎、中野正刚齐名,被称为"早稻田三鸟"之一。

在御坊地区这种喜欢政治的氛围影响下,县议员二阶俊太郎的家就成了交流看法、表露观点的政治沙龙,经常有俊太郎的支持者来二阶家拜访。冬天,大家围在火盆边,一面烤火,一面热火朝天的谈论各种政治话题。有时候,二阶俊博也会凑上去,听大人们都在谈论些什么。

不过，母亲菊枝看到这种情形后，会马上叫二阶俊博走开。她说："小孩子应当是风的孩子，不能坐在大人旁边，快出去玩吧！"看着每日为公务操劳奔波的丈夫，菊枝很清楚，选举对一个人意味着什么，政治是如何的辛劳，她绝不想让二阶俊博踏入政治的世界。

与菊枝的反对不同，二阶俊太郎有意识地希望二阶俊博多参与进自己的圈子。有一次，他郑重其事的带二阶俊博到了自家附近的一个名为"保田屋"的旅馆，目的是拜访一位伟人。而在旅馆里的，正是在日本近代史上留名的野村吉三郎。

野村吉三郎出生于 1877 年 12 月 16 日，老家也是和歌山市。他是旧纪州藩士增田喜三郎的三子，随后，过继给野村正胤，改了名，当了野村的养子。1895 年，野村吉三郎从和歌山中学毕业，此后又到东京在一家私立海军军官预备学校学习，并成功考上了日本海军兵学校。野村吉三郎曾任"千岁"航海长等职，1901 年赴英国完成了接管战舰"三笠"的任务。1914 年起，野村吉三郎担任日本驻美国大使馆武官。在巴黎和会和华盛顿限制海军军备会议时，他作为日本代表团随员，曾与时任海军部副部长、后来成为美国总统的罗斯福有密切的交往。

1940 年 9 月，日本与德国、意大利结为同盟，与英美之间的关系迅速恶化。同年 11 月，为了处理战乱时期岌岌可危的日美关系，野村吉三郎被任命为日本驻美国大使。日本政府试图利用野村吉三郎与罗斯福的个人关系，扭转美国对日本的态度，这手温情牌被视为日本最后的"救命稻草"。野村吉三郎到达美国后，开始与总统罗斯福和国务卿赫尔交涉。但是恰在此时，美国对日本发起了经济制裁，日美两国的冲突已是箭在弦上不可避免了。1941 年 11 月 26 日，美国国务卿赫尔发表了包含强硬措辞的提案，放弃外交解决问题的可能，将美日两国的前途交给海陆军队，野村吉三郎感受到自己已经无力回天。而日本政府也将此提案视为美国对日本的最后通牒，做好了与美国开战的准备。12月7日,日本偷袭珍珠港,太平洋战争爆发。而野村由于当时还在美国,没能回来。直到1942年,他才乘坐两国的交换船,安全返回日本。

能有幸见到这样一位参与和见证日本现代史上决定性事件的人物,对于力求在政坛做出成绩的二阶俊太郎来说无疑是非常难得的机会,他希望儿子也能通过这次拜访,对政治有更生动的感知和更深刻的认识。正如父亲预想的那样,首次见到野村吉三郎的二阶俊博被他身上威严的气势所震撼,虽然野村吉三郎的右眼已经失明了。

本以为日本将渐渐重生的二阶俊太郎在1946年11月,收到了一件不幸的消息。GHQ(驻日盟军总司令部)对二阶俊太郎下达了开除公职的处分。由于战争时期,村长被自动授予大政翼赞会支部部长一职,在战后清算时,村长们自然就成了被打击的对象,作为稻原村村长的二阶俊太郎,也不能幸免。因被开除公职,他无奈辞去了县议员的职位,同时,也告别了稻原村村长一职。留给二阶俊太郎的,只有御坊造船负责人的职位了。

被开除公职之人不能从事相关行业,甚至连学校的PTA(家长教师联谊会)的职员也不能担任。这项禁令,对二阶俊太郎来说,无异于"没有牢房的监狱"。

战时,御坊造船株式会社的主要业务是负责战时海上运输事业。公司全盛时期有600多名工作人员,御坊造船株式会社被称为"日高地区最大的企业"。战后的一切都发生了改变,此时的御坊造船也遇到了前所未有的危机。随着时代的发展,造船厂生产的木船被接连淘汰,企业却没有足够的资金用于更新换代,业绩在一路下滑,订单在不断减少,工厂的正常运转已经难以为继,御坊造船不得不裁掉大批人员。眼看着自己一手经营起来的造船厂一天天走向衰败,被开除公职的二阶俊太郎连最后一点安慰都失去了。那段时间对二阶俊太郎来说是痛苦的记忆,他每天早上起床后,做的第一件事便是看报纸,在"开除公职处分解除"一栏里仔细寻找自己的名字。国会

1960 年二阶俊博全家福

议员等大政治家被解除处分后会有专人负责通知，但其他人却只能自己从报纸上确认。二阶俊博就是这样看着父亲落寂的背影，一天天长大的。多年后，他才理解到父亲那时的心情，理解到战争对一个国家和一个人命运的影响。战争，改变人们原本平静的生活，战争中根本没有赢家。

三、济世仁心母传子

作为政治家，父亲二阶俊太郎忧国忧民勤政务实的作风为二阶俊博做了好榜样，也为二阶俊博以后的从政之路打下了良好的基础。同样，二阶俊博也有一位好母亲。虽然菊枝在家里不会经常发表自己的主张，夺去丈夫作为一家之主的光辉，但她却用正直勤恳的言行为自己树立起优秀母亲的形象,和丈夫二阶俊太郎一起撑起二阶家的天空。菊枝经常对二阶俊博进行言传身教:"只要拼命努力,人们肯定会认同你的。努力了,自然会获得相应的生活。只要努力,就会出成果。"菊枝便是一个不断努力、不断奋斗的人。而她的言传身教,也深深印在了二阶俊博的心里。

菊枝是日本当时少有的女医生,1899年11月1日出生于和歌山县日高郡的龙神村,这里有一眼非常著名的"龙神温泉"。在家里12个孩子中,菊枝排行老五。菊枝的父亲叫古久保良辅,古久保家世代从医,是远近闻名的医生。出身杏林世家,难免会耳濡目染受父亲的影响,小时候的菊枝假扮医生给家里的小动物打针也是像模像样。

菊枝在从旧制田边高等女学校毕业后,1919年前往一所学校当代课老师。在12个孩子中,菊枝是最体贴最乖巧的一个,她一有时间就会陪母亲聊天,有一天,母亲对菊枝叹气道,"虽然我有很多孩子,但是能继承你父亲医学事业的人却一个也没有"。一向孝顺懂事的菊枝,不想看到母亲充满遗憾的眼神,想起医生父亲经常说的"要为别人而死"的话,她决定为了父母的心愿做些什么。儿时假扮医生做游戏的情景好像就在昨天,这感觉是那么的熟悉。菊枝突然间明白了,成为一名医生的梦想其实一直都藏在自己心底。于是,她毅然放弃了代课老师的工作,决心去东京学医。

1920年,菊枝来到东京,进入了当时日本唯一一个可以培养女医生的学校"东京女子医学专门学校",该校便是如今东京女子医科大学的前身。东京女子医学专门学校由女医学家吉冈弥生所建,是日本著名的医学基地,拥有不用参加考试就能获得医师资格的"特权",也从侧面印证了这所学校教学能力的权威性。这位创始人吉冈弥生,和菊枝同样出身杏林世家,她曾在济生学舍(日本医科大学的前身)学习医术,并在3年后的内务省医术考试中合格,成为日本历史上第28位女医生。后来,吉冈弥生再次前往东京,进入白天教医学,晚上教德语的"东京至诚学院"继续深造。当她听说母校济生学舍拒绝接收女性入学的消息后,下决心创立一个专门培养女医生的学校。经过紧锣密鼓的筹备,1900 年 12 月 5 日,日本首个培养女医生的学校——东京女医学校正式成立了。1912 年,该校升级为东京女子医学专门学校。

二阶俊博的母亲菊枝就是进入了这样一所学校,成了吉冈弥生的衣钵传人。菊枝从吉冈弥生那里学到的不仅仅是各种医学知识,更重要的是她那种"至诚"的精神。经过刻苦学习,1923 年 12 月 12 日,菊枝顺利从东京女子医学专门学校毕业,也顺利地获得了梦寐以求的医师执照。

回到和歌山后,菊枝以"对所有人付真心"为座右铭,在御坊市新町开设了一家内科医院。当时,全日本只有 1200 多名女医生,而能够自己独立开设医院的女性更是少之又少。由于医术精湛,菊枝迅速得到了居民们的信赖与肯定。良好的口碑与辛勤的劳动分不开,由于当时的卫生条件存在欠缺,医生的工作十分繁重。为了挽救病人的生命,减轻病患的痛苦,深夜接诊也成为寻常事。

除了漏夜接诊外,在没有车的时代,菊枝还要经常推着自行车载着药箱翻山越岭出诊,很多次连车带人翻倒在山里。不过,铭记父亲教诲的菊枝,并没有觉得这是什么辛苦的事情。因为,她始终以救死扶伤为己任。菊枝经常想,要尽可能多的治疗患者,为他们疗伤。在菊枝看来,很多疾病最大的困难是患者精神上的,因此,她会鼓励患者勇往直前。

一次,菊枝在例行检查中发现有位儿童患上了严重的心脏病。由于发现得早,菊枝立即为其做了手术,保住了他的性命,孩子的母亲非常感谢菊枝。这样的案例时有发生,菊枝正是在这样的事件中一次又一次感受到从事医务工作的伟大意义,也更深刻地体会到自己肩上责任的重大。

因为这些救死扶伤、济世助人的善行和义举,菊枝与二阶俊太郎一样,在当地民众心中也非常有威望。在二阶俊太郎被开除公职期间,很多人劝菊枝代替丈夫参选。或许是期待太高,当地的报纸还赶来为她拍照,菊枝都婉言谢绝。

1953 年,菊枝成为御坊保健所的一名医生。1958 年,她又被调到汤浅保健所。从御坊的家到汤浅保健所,坐电车需要 1 个小时的路程。于是,菊枝开始了每天挤电车的生活。1981 年,为了基层医疗保健事业坚持工作到 83 岁的菊枝,终于感受到身体不支,万般不舍地从一线岗位上退了下来。她把自己的一生都奉献给当地的医疗事业,为和歌山县的医疗进步作出了不可磨灭的贡献。现在,和歌山县的很多老者提起二阶俊博,还会说:"那是菊枝先生的好儿子啊"。母亲的"医者仁心",经常会出现在二阶俊博身上。"每逢哪里遇到灾难,我都对灾民的那种痛苦感同身受,觉得自己不做些事情是不行的。我想,这种情怀应该来自于我的母亲!"

1981 年,获得地方自治勋章的二阶俊博父母

　　无论是成为父亲那样的政治家,用更合理的政策措施来改善民生,还是像母亲一样成为一名医生,医治病痛救人于危难,都是对社会对大众的一种责任。父母身上这些"正能量"的影响一直陪伴着二阶俊博成长,提醒他从事任何工作都要付出不懈的努力和切实的践行。

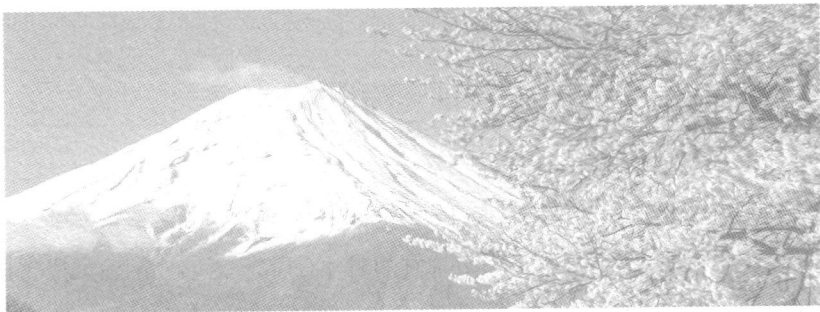

第六章

进击甲子园

    青春,是一组色彩斑斓的七巧板,记录了不同的人生滋味。红色是热血,绿色是希望,橙色是信念……当这些色彩与大时代一同律动,交相辉映出一幅激情飞扬、姿彩无限的动人画卷。

    经历了第二次世界大战后的日本,送走了最黑暗的时代,站在一个百废待兴而又生机勃勃的历史转折点上。那时候的日本青少年,高喊着北海道札幌农学校首任校长克拉克博士的名言"少年奋起立功名",将激荡的青春、膨胀的热血撒遍东瀛大地。青少年时的二阶俊博,就幸运地遇上了这个日本的青春时代。

    "青春应该怎样度过?要如同烈火,照亮天空。要如同清泉,滋润大地。当时光渐渐消逝,永不衰老的青春之气能留在心中,显露在眼神里,表现在行动上,这才是有意义的青春!"年轻的二阶俊博眼中闪动着光芒如是说。

一、初试莺啼甲子园

相逢意气为君饮，自古英雄多少年。1954 年 4 月，二阶俊博进入和歌山县日高高中就读。那时候的日本物资匮乏、经济困难，人们终日劳碌却不能饱食三餐，可是少年郎们的精气神，却让人明显感觉到了日本即将腾空而起。学校里风声雨声读书声声声入耳，学生们家事国事天下事事事关心，各种活动小组如雨后春笋一般遍地开花。大家都怀着"不负少年时"的心情，对学习各种技能如饥似渴。

进校不久，二阶俊博就加入了学校的排球部。虽然没有身高的优势，不太具备打排球的先天条件，可是他却不认输，依然起早贪黑刻苦练习。直至发现自己的身体条件和从事专业排球运动的要求确实存在明显差距，二阶俊博才无奈放弃。"那时候的日本年轻人，是有条件要上没有条件也要上。那种斗志、那种激情，让人看到了这个国家的希望。"回想起排球部那段不顾身体条件"强练"的经历，二阶俊博至今还感叹不已。

进入高二后，才思敏捷、交际广泛的二阶俊博很快晋升学校的"男神"，新闻部的同学向他发出了邀请："你不做媒体人简直就是浪费。要不要和我们一起做校报，为大家提供各种信息和观点。"由于父亲二阶俊太郎有过长期从事媒体的经验，二阶俊博从小就对报纸非常感兴趣，各种文体都能信手拈来，新闻部正是他施展才能的舞台，他很痛快地答应了下来。

"虽然校报在人们眼中属于'玩票'，可是我做，就要做出真正报纸的样子！"二阶俊博不仅认真研究校报的采访编辑工作，甚至四处拉广告与赞助，还跑到大阪拜托正规印刷厂校对印刷。即使是螺蛳壳里做道场，二阶俊博也把一份校报办得有模有样，他在此过程中学会了很多出版印刷的具体业务，成了同学们交口称赞的"二阶总

二阶俊博曾经就读的和歌山县日高高中

编"。"精诚所至,金石为开。"制作精良的校报,从全国高中的上万份校报中脱颖而出,入选了全日本校报展览,至今都是日本校报的"标杆"。

百尺竿头须进步,十方世界是全身。人只有通过不断积累,到达一定的程度,突破量变到质变的瓶颈,才能达到游刃有余、触类旁通的境地。"标杆"校报已是昨天的成绩,不久,二阶俊博迎来了高中时代的顶点:协助校棒球队进军甲子园!

说起甲子园,日本人可谓无人不知无人不晓。始于1915年的全国高中生甲子园棒球大赛,是风靡日本的顶级赛事。甲子园,是日本高中生燃烧青春岁月挥洒汗水、飞扬人生梦想的赛场。这里,凝聚了无数日本少年的汗水与泪水、成就了许多怀揣梦想的年轻人,也留下了不少失落、悔恨和懊恼的背影。直到现在,甲子园赛场依然是日本高中生心目中的圣地,他们都以走进甲子园赛场,捧走甲子园的一抹土为人生的极大荣耀,甲子园比赛所代表的积极的人生态度已经超越了胜败成绩本身。

日本甲子园

1956 年 2 月 2 日,二阶俊博正在日高高中二年级就读,日本第 28 届高中棒球选考委员会决定,日高高中棒球部获得"高中棒球选手权"机会。换句话说,日高高中获得了甲子园大赛的出场权。这是日高高中创校 50 年来首次杀入甲子园。学校上下都为这一创纪录的突破兴奋不已,甚至连整个城镇也都为之沸腾了。对于日高人来说,这是历史性的一刻。

此时,日高高中棒球部的教练是长谷川教练。他曾在海南中学、明治大学立下赫赫战功。拿到甲子园入场权后,长谷川教练对棒球部成员的训练更加严格,每天要进行 5 个小时的狂风骤雨般的打击训练。不过,长谷川教练并不是那种奉行"魔鬼训练"的"斯巴达式教练"。当时,日本很多学校的棒球部教练,采用"魔鬼训练",拳打脚踢是家常便饭。一场训练下来,队员们常常是鼻青脸肿。可是长谷川教练却从未动过手。他相信,能够让队员们自身焕发出斗志与激情的队伍才可以走得更远。

俗话说,好马需得配好鞍。有了好的教练与球员,后勤保障也得跟得上。首次入选的棒球部不仅没有大赛经验,也没有后援团,为了让球队在甲子园比赛中大展身手,棒球队后援团的筹备工作也紧锣密鼓地展开了。整个学校都洋溢在进军甲子园的气氛中。经过认真细致的遴选,组织后援团的重任,落到了二阶俊博身上。

日高中学棒球部获得甲子园出场权后,二阶俊博曾经去探望棒球部成员,与他们闲聊,给他们打气。二阶俊博和球员们相处得很融洽,棒球部的重要成员玉置和贤、藤川博司还是二阶俊博小时候的玩伴呢。也许是他的宣传组织能力早已被棒球部同学看在眼里,也许是他对棒球部的关心和理解赢得球员的信任,在大家看来,后援团负责人非他莫属了。被委以重任的二阶俊博充分利用自己是新闻部部长的优势,在校报上发表了一篇篇激情四溢的文章,号召全校师生投入到后援团的筹建中来。这些激扬的文字有效地调动了学生们的热情。不过,光有热情还不够,罗马也不是一天建成的。别看一个校队的后援团,也是牵扯到各方面的关系,需要常年积累资源才能形成的。很多人对在短时间内完成这项任务存有疑虑。

二阶俊博首先求助了伯父古久保五郎。他是大阪经济大学的一名教授,既了解校园社团建设,也有一定人脉。二阶俊博虚心求教:"日高高中要去甲子园比赛了,但没有后援团怎么办?您给出出主意。"听了他的话,古久保五郎摇了摇头:"还是放弃比较好,后援团不是一两个月能建成的。"没想到伯父当头泼了一盆冷水,但是,二阶俊博不信这个邪。他说:"虽然很难,但是好不容易才进甲子园,如果没有人支持的话,选手们的士气会大受影响,无法发挥最好水平。"

告别了伯父,二阶俊博继续找朋友和熟人商谈。就在苦无对策之际,一个朋友的建议让二阶俊博眼前一亮。朋友说,"虽然你力量有限,可是组建后援团也可以去找外援啊。龙谷大学后援团团长浮津直道是日高高中的毕业生,你可以去问问他。"

动用各种关系,二阶俊博迅速与浮津直道取得了联系。学弟态度真诚的请求,让浮津直道很感动。浮津当场表态说:"可以啊!休息的时候,我就去教你们。另外,我们大学空手道部的大将大畑正法也是日高的毕业生。我也叫上他,我们四五个人一起去。"听到前辈肯定的回答,二阶俊博的心总算落下了。

同伴们得知了请到"外援"的好消息,马上着手正式筹建后援团。工作应该怎么分配?如何协调?有位成员说出了大家的疑问:"群龙无首可不行,后援团不是需要团长吗?我们还没有团长啊。"大家面面相觑,互相用眼光探寻着。渐渐地,大家的目光就不约而同地集中到了二阶俊博身上:"二阶,这件事本来就是你在组织。你来做我们的团长最好。""什么,由我来做?"向来力求尽善尽美的二阶俊博还有点担心。不过,众望所归,他也就不好再推辞。于是,一个"全票通过"的首任后援团团长正式诞生了。

几天后,"外援"浮津直道带着空手道部的大将大畑正法来到了日高高中。浮津直道简单介绍后,只见大畑正法猛一抬手,"啊"的一声将一片瓦从中间劈开,让后援团成员吓了一大跳。"我想告诉大家,后援团就是这种敢玩命的架势!"浮津直道大声说。两位前辈一出场就带动了大家的工作情绪。

为了达到更好的效果,浮津直道还让后援团去和歌山县日高郡美浜町练习。在这个面朝太平洋的美丽海岸,情侣及游客们三三两两在海滩上悠闲享受着惬意时光。不过,后援团成员们可没有这么轻松幸福。

原来,按照赛事规定,在甲子园赛场上不准使用麦克风,后援团必须在不借助任何工具的情况下,尽可能地加大音量,用自己的嗓音为选手们加油。浮津直道特意带后援团来到美浜町,就是因为海边海风大,成员之间必须玩命般大声呼吼才能把信息传递给对方。人为地增加难度,只为放大他们的音量!呼啸的海风之中,一群少年奋力呼喊着,没一会儿就练得嘴里渗出了血丝。

声音训练渐入佳境之际,看似一切顺利的后援团组建工作又遇到了新的问题。有同学提议,在后援团空荡荡的呐喊声背后,竟然没有音乐伴奏,这不是成了声嘶力竭的"干号"吗!可是,日高高中没有吹奏乐团啊!此时,二阶俊博灵机一动想到了初中时的吹奏乐团。于是,他马上找到初中时的班主任请求支援。但是,由于关系重大,班主任需要得到校长和主任的同意才能拍板。"是那个优秀的毕业生二阶俊博啊?没问题,应该支持他!"二阶俊博的积极态度打动了旧日的老师们,他终于等到了肯定的回答。成员们心里的一大块石头落了地。

现在似乎是吹拉弹唱样样全了,可是二阶俊博还是感觉在某些方面有些不足。虽然后援团初步成形,吹奏乐团也有了,但是还没有女生后援啊。场上一群大老爷们打球,场边一群大老爷们助威,是不是太单调了。都说男女搭配,干活不累。在二阶俊博看来,如果有了女生们的支持,球队在甲子园肯定会大放异彩。20 世纪 50 年代的日本,女生多看男生几眼都会脸红,要她们在那么热闹的场合抛头露面,还又喊又叫,二阶俊博的想法简直是离经叛道。

"谁说女生就一定要藏于深闺,我要公开招募女拉拉队队长!"大家直摇头,可二阶俊博下定了决心。和大家预想的一样,招募工作进展得很不顺利,女生们满心顾虑,怎么都不想参加。有女孩害羞地说:"不要啊,在众人面前跳舞,我以后会嫁不出去的。"不过,年轻的二阶俊博已经表现出坚毅的性格和果决的执行力,他不是轻言放弃之人。他幽默的劝解:"你们不用担心,如果真有人嫁不出去,我们棒球队、后援团会负责!"

经过二阶俊博"晓之以理,动之以情"的软磨硬泡后,他终于凑出了 10 名女孩组成的拉拉队。千万不要用今天的经验去想象当时的情景,二阶俊博组织的这个拉拉队绝对不是一群穿着超短裙、跳着性感舞蹈的女高中生。她们下面穿着裤子,上面穿着水手服,包裹得严严实实,"素"得不能再"素"了。可是那时候,女子拉拉队就已经是破天荒的事了。有了这群可爱的女孩子助威加油，首次参加甲子园比赛的日高棒球队立即吸引了所有媒体的眼球，打开了知名度。说起来，二阶俊博也称得上"日本女拉拉队之父"了。

万事俱备只欠东风，距离甲子园咫尺之遥。而这最后一步，也是最重要的一步：拉赞助。带着这么多人去甲子园，要吃要住，总不能让还是高中生的后援团员们自己出钱吧。二阶俊博开始到处奔走，寻求赞助，在他费心张罗之下，总算从几家企业获得了必要的经费。美好的高中时光就是在像这样的社团活动中一分一秒地度过。因为太忙，二阶俊博甚至连一生一次的高中毕业旅行都没去成。付出的辛苦不会白费，这些纷繁复杂的集体活动为二阶俊博成长为一位优秀的政治家打下了坚实基础，他超凡的交际能力、号召能力、组织能力就在这些纷杂的活动中得到了明显提高，终身受用。

二、随机应变巧借力

1956 年 4 月 1 日，万众注目的甲子园之战终于吹响了冲锋号。日高高中棒球部在长谷川教练的带领下意气风发，主要成员有：投手玉置忠男、接球手队长田端保雄、一垒藤川博司、二垒森本悦次、三垒楠畅太、游击手玉置和贤、左外场手三木努、中外场手入江喜一、右外场手佐野孝文。此外，还有四名替补。球队在长谷川教练的调教下，充满了斗志。

不知道是幸运还是不幸，首次杀入甲子园的日高高中，竟然要打揭幕战。而他们的对手则是屡次杀入甲子园、实力强大的富山县滑川高中棒球队。比赛当天，老天开了个玩笑，从早上开始就下起了淅淅沥沥的小雨。尽管天公不作美，湿漉漉的春雨丝毫没有影响观众们的热情，8 万人的球场座无虚席。冰冷的雨点加上狂热的观众，无疑给日高队带来了巨大的心理压力。

比赛哨声吹响后，投手玉置忠男迅速投球，这个球非常好，让观众们目瞪口呆，直到几秒钟后才反应过来鼓掌。核心不愧是核心，玉置忠男并没有因为首秀的成功而大意轻敌，他一直要求自己，以平常心对待这场比赛。遇到经验丰富的强敌，初出茅庐的日高中学棒球队并没有让形势一边倒，比赛也随着选手们的稳定发挥进入白热化阶段，观众们的目光都被日高中学棒球队的出色表现牢牢吸引。

赛场上你争我夺分毫不让，赛场边激情洋溢热闹非常。虽然后援团一个月前才刚刚成立，但他们的表现却非常可圈可点，唱完一首接着一首，仿佛有用不完的力气。女子拉拉队们也十分抢眼，充满青春活力的年轻女孩被各路媒体记者围着照相，快门声此起彼伏。看到后援团初次亮相就产生了如此轰动的效果，二阶俊博嘴角悄悄漾出微笑。他想，有了后援团这么给力的支持，球员们一定会激发出无限潜能，取得好成绩。

面对久经甲子园赛场考验的强敌，日高中学的球员们拼尽全力，紧紧咬住比分，最终，双方势均力敌，比赛进入了残酷的加时赛。而此时，甲子园上空的雨也越下越大。组委会决定，暂停比赛明日再战。面对被突然打断比赛节奏的选手们，长谷川教练坚定地说："我们一定能够冲破首轮。"虽然二阶俊博也这样鼓励大家，但他心里却暗暗地打起了鼓。球员们并不知道，二阶俊博竭尽心力为后援团筹集到的旅费仅够维持最低开销，球队打到了加时赛而且要增加一个比赛日，是二阶俊博无论如何都没想到的结果。

巧妇难为无米之炊。无奈之下，二阶俊博只好对后援团成员们摊牌："因为住宿费紧张，希望在大阪或兵库有亲戚的成员，可以到亲戚家借宿一宿。如果没有的话……我真心希望，大家明天都能来。"看出二阶俊博为难，成员们都表示理解。他很明白，如果去较远的地方住宿，坐电车是根本赶不上第一场比赛的，最好的解决办法就是在大阪附近将就一晚。如果不能就近解决住宿问题，第二天的缺席是不可避免的，为此，二阶俊博做好了最坏的心理准备。

作为后援团团长,二阶俊博跟着几位老师住在了附近的小旅馆。好几个人在一个房间里睡,非常拥挤。深感自责的二阶俊博刚睡下不久,就被一位老师的梦话惊醒了。或许是白天甲子园紧张的比赛气氛,让这位老师梦到了曾经在战场的情景,他连说了好几声"射击!射击!"。寂静的暗夜中,突如其来的梦呓听起来尤其刺耳。二阶俊博不寒而栗:战争对一个人的影响原来这么深,太恐怖了。这个小插曲永远地留在他的记忆深处。

第二天一大早,二阶俊博就来到甲子园。与昨天不同,今天日高高中的后援场地在阿尔卑斯看台,这是一个很大的看台。比赛马上就要开始,与二阶所预想的一样,遭遇了昨天晚上的住宿难题,有些后援团成员回家了,而御坊中学的乐队也没有出现。偌大的阿尔卑斯看台空空荡荡,再看看球场上的队员,二阶俊博觉得很对不住他们。

就在这时,一群操着广岛口音的年轻人引起了他的注意。这是第二场比赛球队广岛商业高中队的后援团,因为要熟悉场地就提前来了。二阶俊博的应变能力和开放视野在那个时候就已经展现出来,他灵光一动:可以让他们来帮忙呀!于是,他找到了广岛商业高中后援团的团长。二阶俊博情真意切地拜托道:因为我们人太少了,能不能给我们造点势,帮帮我们。如果你们帮我们,你们比赛时,我们也会留下来帮你们。

广岛商业高中后援团团长是一个非常热心的人,他被二阶的执着所感动,毫不犹豫地答应了。比赛令响,赛场上出现了一个非常奇特的场景,日高后援团成员们敲太鼓,广岛商业后援团为日高棒球队唱歌、呐喊,这呐喊声还是带着浓郁的广岛味道。或许是被后援团的热情所感动,又或许是得益于战术的调整,第二场比赛一改揭幕战上的胶着,胜利的天平很快就向日高高中倾斜了。

在投手们连续投了 6 个好球后,日高高中以二比零的比分战胜了对手,拿到了甲子园的首场胜利。比赛终了的一瞬间,阿尔卑斯看台化作欢乐的海洋,三千多名支持者又唱又跳,几乎陷入狂喜之中。奋战过后,队员们相互拥抱,长谷川教练也拍着队员们的肩膀说:"干得好!"二阶俊博在站台上热泪盈眶,回想起组织后援队一路经历的辛苦,他感慨万千,所幸自己的努力终于没有白费。

和歌山老家的民众通过收音机得知了比赛的战况,商业街上的电视前也是围满了人。在后援团和父老乡亲的全力支持下,日高高中捷报频传,首次进入甲子园的他们竟然一路杀入了8强。而球队的每一次胜利,都引起家乡父老的极大关注。随着关注度的节节攀升,社会上给予球队的资助也越来越多,这样一来,后援团的经费问题也就顺利解决了。

进入八强战,日高棒球队迎来的对手是有"冠军种子队"称号、代表东京参战的"日大三高"。他们的实力非常强,队里有后来加入职业棒球队的"阪神虎"并木辉男,那是一位非常优秀的选手。比赛开始前,二阶俊博来到甲子园熟悉场地。看到刚刚结束比赛的尼崎高中后援团正在退场,他们是当地的球队,带了很多"秘密武器"。二阶俊博想,要是能把他们的"神器"借过来用就好了。或许,积极进取的人运气都不会太差,二阶俊博的要求竟然被对方毫不犹豫地答应了。就这样,继成功邀请广岛商业后援团助力后,二阶俊博又顺利借到了尼崎高中后援团的力量,顺风顺水,如虎添翼。

八强比赛开始后,实力更胜一筹的日大三高或许是太轻敌,连续出现几个失误。不过他们毕竟是经验丰富,经过短暂的调整,很快就找回状态。而日高高中也拿出初生牛犊不怕虎的勇气,与日大三高进入了拉锯战,你来我往,比赛打得很是好看。最终,尽管日高的小伙子们拼尽了全力,还是无法缩短两队之间的巨大差距。初出茅庐的日高最终以二比四的比分惜败于对手。

虽然日高高中输了,但日高投手玉置忠男却得到了观众们很高的评价,在决赛结束后,他被甲子园棒球联赛评为"优秀选手"。而日高高中后援团也因表现优异,在新闻媒体的投票中荣获了"优秀后援团"的称号。

"虽然出现了各种意想不到的波折,我还是将能做的事情都做了,终于获得了圆满的结果。这是一段非常有意义的时光,这是一段值得怀念的青春。此后,我参选县议员、众议员,担任各种职务,每当遇到重大困难,别人说'这是个过不去的坎'时,我的脑海里就会浮现出当年的甲子园。那是一次奇迹般的甲子园进击。而我已经明白,聚合团队的力量,不轻言放弃,寻求一切可以寻求的帮助,这世界上就没有什么奇迹不可以创造!更重要的是,在创造奇迹的过程中,团队的每一个人都得到了最大的成长,这种共同进步让人振奋与欣喜!"

高中毕业后,当年进入甲子园赛场挥洒汗水拼搏青春的日高校友们都有了很好的"归宿"。玉置忠男进入庆应大学,之后去了大昭和制纸工作;玉置和贤则去了三菱重工;藤川博司被日立制作所录取;田端保雄被富士铁广畑聘用;三木努在大和证券;楠畅太则去了梦想的松下电器……他们都在一流的企业工作。

二阶俊博创建的日高后援团,也没有因为那次比赛结束而解散,后援团和它所代表的那种"没有不可能"的一往无前的精神被一直保留了下来。直到现在,后援团的学弟学妹们还在为校队再次踏入甲子园而摇旗呐喊。他们那激扬的身影,屡屡让二阶俊博想到了当年的那个面对挑战、勇往直前的自己。

三、迷茫痛苦方成长

青春的溪流一路奔腾,时而碰撞岩石激起水花,时而遇到浅滩迟滞洄漩,有激情还有彷徨,这正是青春的迷人之处。1956年春,二阶俊博升入高三,正好遇上了学生会换届选举。在学校拥有高知名度、高人气的二阶俊博自然成为了热门人选。经过甲子园一战,二阶俊博赢得棒球队及后援团成员们完全的信任,他们都支持他参选。可是二阶俊博却迟迟没有参选的意向。他开玩笑说:"我虽然喜欢组织活动,但是对政治还没有太大兴趣。如果不投票的话,我或许会去。"尽管二阶俊博有自己的想法,但还是没有拗过朋友们的支持。经过学生投票,二阶以压倒性优势战胜了对手,成为新一任学生会会长。

那个年代,正是日本学生运动高涨的时候。很多学生会会长带着同学们走上街头,抗议政府几乎成为一种潮流。而二阶俊博并不为周围的社会环境所动,他坚信,作为学生,就应当以学业为重,少参加政治运动。作为学生会会长,他认为要"多做些实事少谈些主义",就把同学们都留在了校园内搞绿化。他的这项绿化运动得到了学校的大力支持。种树栽花需要泥土,二阶俊博拜托有卡车的家长,帮忙从山上运土下来。缺少肥料,他就请求学校出面解决。全校学生在二阶俊博的带领下,干劲十足,没过多久校园就呈现出一派花红草绿、生机盎然的景象。现在,同学们谈起当年的这位会长,都会哈哈大笑:"人家搞街头运动,我们种花种树,他就是个绿化会长嘛。"

秋天到了,也意味着真正意义上的人生选择来了。高三下学期,同学们开始规划自己未来的发展方向。在很多人看来,此时的二阶俊博,已经是拥有了一定经验的"小政治家",校刊编辑、后援团团长、学生会会长,一步一个脚印的二阶俊博应该迈开步子走向更宽阔的从政之路。不过,二阶俊博考虑的似乎没那么多。身边的朋友们热心地给出建议,有人说,"你可以继承你爸爸的职业,成为一名政治家";也有人称,"你可以像你妈妈一样,当一名救死扶伤的医生"。二阶俊博有一双优秀的父母,熟悉他们的人都对他们评价很高,在人们看来继承父母的事业是最理所应当的选择。

不过,二阶俊博完全没有从政的意愿。奶奶也不希望孙子跟儿子一样为选举而受苦。想起儿子二阶俊太郎当年为了公务日夜辛劳,根本没有和家人相处的时间,奶奶经常说:"还是放弃从政之路吧!你爸爸从政,家里人受的苦太多了。"想想父亲被免除公职后的寝食难安,二阶俊博也觉得,政治家这份工作,对自己没什么吸引力。

那与妈妈一样当医生吗?二阶俊博好像也不太想。他最讨厌与打针这些事接触。违心地做自己讨厌的事情,这对二阶俊博来说太困难了。此时的二阶俊博只想去企业,做一名普普通通的上班族。至于选择哪个大学,他想得更简单,考离家近一点就行。立命馆大学或同志社大学,在关西地区。

就在二阶俊博打算随便放任自己的未来时,津本诚一郎老师的一番话,改变了他的想法。

他说:"古语有云,大丈夫应该志在四方。你一定要跨越箱根,去见识更广阔的世界。虽然关西也有很多好学校,但还是去东京好。因为在那里可以碰到这个国家最优秀的政治家、实业家和文学家,听到不同的演讲,这也是一种学习。"一语惊醒梦中人,二阶俊博决定去父亲曾经就读过的中央大学法学部,攻读政治学。谁知,他读政治学的想法,遭到了母亲菊枝的反对。母亲担心儿子学了政治后,又会像俊太郎一样从政。作为一个妻子,没有人比菊枝更了解丈夫的不易,作为母亲,她不想看到儿子重走父亲的路,再受那份苦。不过,这次,母亲却没能劝住二阶俊博。

经过层层选拔,1957 年 4 月,二阶俊博顺利考入了中央大学,新世界的大门向他敞开。在这里,二阶遇到了对他影响深远的三位老师。第一位是担任过政党选举理事,于 1959 年不幸逝世的川原吉次郎教授。他曾经对二阶俊博说:"你体验过满员电车的状况吗?没有这种普通民众的痛苦感受,就不要谈论什么政治。"在那个国会议员出门便是豪车,吃饭便是料亭的时代,这句话深深冲击了二阶俊博的内心。第二位是小松春男教授。这是一位非常有人情味的老师,负责西洋政治史的教授。他让二阶俊博懂得了只有尝遍人世间的悲欢离合、忠诚与背叛,才能拥有最强大的心。第三位则是负责大众文化课程的社会学教授桦俊雄,可以说,他是对二阶俊博影响最为深远的大学老师。

1960 年,对日本来说是一个极为特殊的年份。学生抗议、工人罢工、政党恶斗……时局动荡不定。1 月,时任日本首相的岸信介率领代表团访问美国,与艾森豪威尔总统举行会谈。双方签订了日美新安保条约,并达成了艾森豪威尔访日的合意。不过,自信满满的岸信介似乎错估了日本国内的民意。刚刚经历了战争苦难的日本民众,坚决不同意再次把这个满目疮痍的国家绑上美国的战车。

围绕新安保条约的审议问题,朝野出现了严重分歧。5 月 19 日,在社会党被禁止入场的情况下,国会强行通过了新安保法案。这种一意孤行的强硬行为,把国会外反对新安保法案的日本群众彻底激怒了。由于日本政府的强硬态度,反安保斗争瞬间演变为反政府、反美国的武力冲突。接连好几天,国会都被示威游行的人群所包围。6 月 10 日,为艾森豪威尔总统打前站的美国官员来到日本,他们还没出机场便被示威游行的人群包围,乘坐的专车被愤怒的民众砸得稀巴烂。最后,还是出动直升机紧急救援,美国官员才得以逃生。这还不算完,对外,民情激愤;对内,东久迩稔彦、片山哲、石桥湛山三位前首相联名要求岸信介下台,这一系列行动将反安保运动推向了高潮。受此影响,艾森豪威尔的访日行程也被取消。

6 月 15 日,游行示威的群众与警察发生激烈的武力冲突,桦俊雄教授在东京大学上学的女儿桦美智子因胸部压迫、脑内出血而死。与自己年龄相仿的师妹居然死于非命,二阶俊博震惊了!这不是真的!她是一位多么可爱的姑娘啊,她还那么年轻!

在混乱之中,安保法案于 6 月 18 日自然生效。由于日本社会严重分裂,岸信介于 6 月 23 日被迫下台。桦俊雄教授强忍着失女之痛坚持为大家上课,教授上完课拖着沉重脚步离去的背影是那么的孤独,二阶俊博看着看着,总是经不住潸然泪下。战争,你为何总是如魔鬼一样阴魂不散。原以为,用千千万万条生命为代价,已经将这个魔鬼封印,谁知你依然躲藏在阴暗的角落,伺机夺走人们的生命。"没有亲眼目睹战争给人们带来的巨大伤害,就无法成为真正的和平主义者。这么多年来,有一些人说我总把'和平'时时刻刻挂在嘴上,是没有血气、胆小怕事。其实,当你看着自己的亲人、师长、同学、朋友被战争撕裂的血淋淋伤口,就会明白和平有着什么样的意义。"二阶俊博努力克制自己的情绪,意味深长地说出这些话。

四、携手佳人两相知

恐怕是月下老人已经提前系好了红线,懵懂的二阶俊博在探寻人生方向的同时,也收获了幸福的爱情。妻子下田怜子生于1941年1月10日,与二阶俊博真可谓"前世情缘早注定"。小学、初中、高中,俩人都是一所学校,成长经历非常相似。"这样的教育背景,让'比邻而居'的他们在相濡以沫的几十年婚姻生活中,总有很多共同的话题,能够给予彼此理解和支持。"

说起为两人牵线搭桥的"红娘",还得从他们的父亲说起。二阶俊博的父亲与怜子的父亲相交多年,是无话不谈的好朋友。当听说怜子考上了东京的共立女子大学,不知是有意还是无意,二阶俊太郎让已经在东京两年的二阶俊博去车站接她,并反复叮嘱儿子一定要好好照顾怜子。

那天,是怜子的母亲送她来的东京。看到楚楚动人的怜子羞涩地走出车站,二阶俊博的目光再也移不开。办妥入学的各项事宜后,二阶俊博带着怜子母女俩游览东京,银座和皇居当然是行程中不可错过的景点。神采飞扬的讲解、恰到好处的安排,二阶俊博给怜子母女俩留下了非常好的印象,"一个大气的男人,还能这么'温柔',实在是非常难得。我隐隐约约感觉到,他或许就是与我相伴一生的人。"回忆起当年的情景,怜子到现在都是满脸的幸福。

如同命中注定般的安排,二阶俊博就读的中央大学与怜子所去的共立女子大学都在神田,离得很近,而且两人住的地方也不远。于是,风景秀美的神田川边樱花树下,蓝天白云的日比谷公园里,在落英缤纷的时节,绿草茵茵的小路旁,两人擦出了爱情的火花。

"美人才子,合是相知"。怜子从二阶俊博出身议员家庭、参加辩论会、组织后援团、担任学生会长的种种经历,看出了眼前这个男人拥有得天独厚的从政潜质,鼓励二阶俊博:"其实,很多时候冥冥之中一个人要干什么就已经注定了。做自己最擅长的事,可以为社会作出最大的贡献、成就最优秀的自己,有什么不好呢。"

怜子的鼓励,让二阶俊博坚定了从政的决心。而此后几十年日夜奔忙的从政生涯中聚少离多,二阶俊博觉得自己亏欠了怜子很多。可是,怜子从不抱怨。"让我所爱的人做自己所爱的事,这不是夫妻应有的相处之道吗。而且,当年我鼓励他从政,这也是我们共同的选择。他做好了事情,就是我们共同的成功,我只会感到高兴与欣慰,怎么会有怨言。"

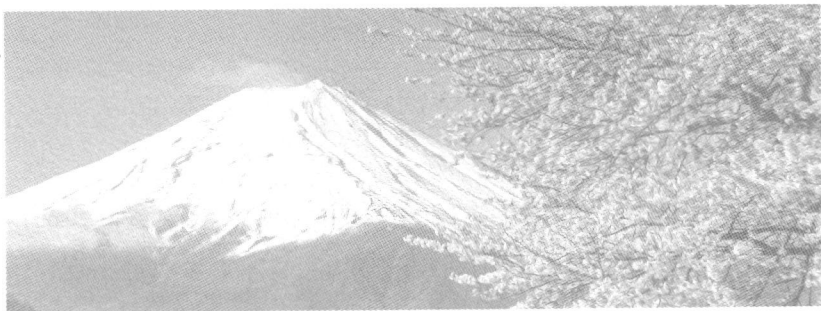

第七章

幸遇人生恩师远藤三郎

人生充满了机遇与挑战，在那些决定命运的十字路口，往左还是往右，每一步都至关重要。如果在这些关键的节点，恰好机缘巧合的出现一些人、发生一些事，或许就会彻底改变人生道路与方向。有谁不曾经过青春的迷惘，回想那些瞪大眼睛到天亮、大脑斗争不断的夜晚，面对人生选择，不知有多少人痛苦过，彷徨过，在不断的碰撞中寻找人生的方向。

动荡时代里，年轻的二阶俊博也迷茫彷徨，对于未来充满疑虑和困惑不知走向何方。然而，比很多人幸运的是，他踏上社会的第一步，就遇到了日本优秀的政治家远藤三郎。这位亦师亦友的长者，春风化雨般教会了二阶俊博如何面对人生，如何走向生命的最高境界。

一、聆听演讲结政缘

风云激荡多事秋，城头变幻大王旗。1961 年，在日本战后的历史上是个非常重要的年份。这一年，发生了日本右翼成员小森一孝公然刺杀左翼人士、中央公论杂志社社长岛中鹏二的"岛中事件"，也频频爆发了反对《日美新安保条约》的左翼学生组织冲击国会的"学潮"。日本社会左右阵营的斗争日趋白热化，政坛上也是你方唱罢我登场，怎是一个乱字了得。而这个时候的二阶俊博也恰恰到了大学毕业找工作的阶段。

由于局势动荡，日本社会普遍对未来充满迷茫。对于即将走向社会的年轻人来说，在这种背景下做出职业选择尤其艰难。二阶俊博觉得，既然时局不明，还不如把找工作的事情放一放，花一年时间四处去走一走、看一看、想一想。反正自己还年轻，晚一年踏入社会没什么问题。那么，问题来了，这一年究竟要做些什么呢？

正在苦思之际，一次演讲会，让身陷迷雾中的二阶俊博醍醐灌顶，看清了人生的方向。那是日本自民党在东京都文京区公会堂举办的一场演讲。公会堂里黑压压的一片，聚集了三千多名听众。登台演讲的江崎真澄、中曾根康弘、安井谦、中村梅吉，后来全部都成为日本政坛上举足轻重的"大人物"。虽然每个人的演讲只有不到 20 分钟，但他们能在那个混乱的年代，用简洁清晰的语言、拨云见日般将各种社会事情讲清楚、讲透彻，让在场的所有人都钦佩不已。现场掌声雷动，二阶俊博也深受感染。"这些政治家太厉害了！他们为日本指明了方向，为我指明了方向。"他在当晚的日记中这样写道。

演讲结束后，二阶俊博马上赶去了神田，那里有很多出售政治书籍的书店。在一家书店里，他突然发现了一本杂志。这本杂志里刊登的一篇介绍江崎真澄的文章牢牢地抓住了他的视线。

　　刚刚听了江崎真澄的演讲，二阶俊博对这位传奇人物产生了浓厚的兴趣。他抱着杂志津津有味的读了起来。杂志中的文章让刚才那个慷慨陈词的江崎真澄的形象更亲切又更完美了。猛然，一个念头从脑中闪过："如果能当江崎先生的秘书就好了。"虽然二阶俊博对从政还没有清晰的概念，但是潜意识里见贤思齐的念头让他觉得，在优秀的人身边了解政治，从政治出发了解时事，是一个很不错的选择。

　　江崎真澄，1915 年出生于爱知县一宫市。高中毕业后，进入日本大学经济学部学习。1934 年在《改造》月刊上刊登恋爱小说《长良》后，一举成名。1946 年，他以自由党党员的身份，参加二战后第一次众议院选举，当选时年仅 30 岁。吉田茂内阁时期，他成了总务会长广川弘禅的"四大天王"之一。

　　1960 年 7 月，44 岁的江崎真澄担任池田勇人内阁的防卫厅长官。能够入阁，与众议院议员砂田重政的推荐密不可分。砂田曾这样评价江崎真澄："他是有着大格局的人。"1960 年"藤山派"成立的时候，江崎真澄得到岸信介的推荐，加入了该派。

　　二阶俊博眼中看到的江崎真澄，正值风华正茂的年纪，指点江山神采飞扬，一种崇敬之情油然而生。可是，如何才能找到接近江崎真澄的机会呢？

　　在日本政坛，人脉是最重要的敲门砖。为了能实现自己的秘书梦，二阶俊博迅速与在和歌山县的父亲取得了联系。尽管此时的二阶俊太郎已经再次当选县议员，可是一个县议员与防卫厅长官的距离实在有点大。遇事机变的二阶俊博想起，父亲与众议员远藤三郎的关系很好，于是就拜托父亲将自己介绍给远藤三郎。因为，江崎真澄与小泽佐重喜、远藤三郎都属于担任过岸信介内阁外务大臣的藤山爱一郎所领导的"藤山派"，有同一战壕的"战友"之谊。

　　远藤三郎，1904 年出生于静冈县骏东郡裾野町的一个贫困农民家庭，在他的身上可以看到"知识改变命运"的力量。通过夜以继日的刻苦攻读,远藤三郎考入了"日本政治家的摇篮"——东京帝国大学法学部。1930年3月,他以优异的成绩毕业,次年4月进入日本农林省工作。1943年,远藤三郎被调往和歌山县担任经济部长,也是在这个时候,远藤三郎与为他在议会"挡箭"的二阶俊太郎结识,并成为挚友。1944年,远藤三郎回到农林省,先后担任生活物资局监理科长、综合计划局参事官。

1945年战争结束后,远藤三郎还担任过内阁调查局调查官、内阁参事官、农林省官房会计课长、总务局长、畜产局长等职务,积累了丰富的行政经验。1948年9月,远藤三郎辞去行政官职,参加了众议员的选举。1949年1月,他在第24届众议院议员选举中成功当选,1958年担任建设大臣前,已经6次连选连任,是国会里"元老级"的议员。

二阶俊太郎得知儿子的想法后,思考片刻后回答说:"我倒是很乐意给你介绍,但你以后打算干什么呢?"

"其实,我是想当江崎真澄先生的秘书。"

二阶俊太郎大吃一惊:"什么! 当秘书?"

"嗯,我想让远藤先生把我介绍给江崎先生。"

"当秘书虽然不是什么坏事,但还是不干的好。秘书可是个苦差事。而且,如果江崎先生没有从心底看中你的话,你是当不了的。"父亲不无忧虑地说。

"不不,无需顾虑那么多,我能长长见识就行,目前我更倾向于积累经验之后进企业工作。"

"这样啊! 见见远藤先生也不是什么坏事,那就给你介绍一下吧!"

就这样,二阶俊太郎来到了远藤三郎的办公室。接待他的是远藤的秘书矢田保久。由于远藤三郎经常说起自己在和歌山县的经历,说起过二阶俊太郎对自己的照顾。因此,矢田保久对"二阶俊太郎"这个名字印象非常深。得知是他的儿子来了,矢田保久非常热情。二阶俊博当面向远藤三郎道明请求后,远藤很爽快地答应了,"行,我明白了。我帮你跟江崎先生说一声。"

很快,二阶俊博就收到了远藤三郎的回复。"关于秘书一事,江崎先生之前刚拒绝了一个来自老家后援会有力支持者的孩子,在这个当口,很难再雇别人当秘书。"二阶俊博知道,当江崎秘书这条路走不通了。就在这个年轻人心中的火苗即将熄灭时,远藤三郎又说道:"虽然这件事不行,但藤山爱一郎先生也是一个大政治家。而且,将来很有可能成为总理大臣,你做他的秘书怎么样?"二阶俊博一下子被远藤三郎的话打懵了。他从没想过要当藤山爱一郎的秘书。尽管如此,面对这个珍贵的机会,迫切希望能够跟随一位"大人物"增加社会体验、提高政治认识的二阶俊博不会让它轻易溜走。他难以掩饰内心的激动,急切地问:"怎样才能做到呢?"

"由于这件事事关重大,也有必要让你父亲知道,你先让你父亲来东京,然后,我们三个人一起去找藤山先生吧!"远藤三郎回答。

顺便说一句,尽管二阶俊博没能如愿成为江崎真澄的秘书,不过如今的"二阶派"成员、众议院议员江崎铁磨正是江崎真澄的儿子。二阶俊博与江崎家确实缘分菲浅。

说一下这位让远藤三郎郑重其事、让二阶俊博欢欣雀跃的藤山爱一郎,他究竟是何许人呢? 藤山爱一郎出生于 1897 年 5 月 22 日,是东京王子造纸会社常务董事藤山雷太的长子。藤山爱一郎在庆应义塾高中部毕业后,又考入有"私立大学双雄"之一的庆应义塾大学政治学科。此后,他又成为藤山联合企业的接班人。在进入政界前,藤山爱一郎还担任过日本制糖、日本化学、藏王矿业、日东制纸的掌门人。1941 年,他开始担任日本商工会议所会长,坐上了日本经济界的头把交椅。

1957 年,岸信介内阁成立,作为岸信介的民间盟友,藤山爱一郎直接被任命为外务大臣,为《日美安保条约》的修改和《日美地位协定》四处奔走。不过,直到此时,他还不是国会议员。第二年,藤山爱一郎才作为神奈川县第 1 选区候选人，当选众议员。从二战结束后到今天，他是日本唯一一个从民间直接任阁僚，然后再补选国会议员的人。岸信介内阁对他个人能力的信任和倚重由此可见一斑。

作为藤山爱一郎的政治盟友，也是他政坛之路的引路人，岸信介是绝对不可忽视的人物。甚至可以这样说，没有岸信介，就不会有政坛上的藤山爱一郎，不会有后来引人瞩目的"藤山派"。笔者觉得有必要插叙几笔。

1920 年岸信介从东京帝国大学法学部毕业后，进入农商省工作，在文书科、临时产业局等处任事务官。不到 5 年时间，岸信介就凭借出身与能力开始官运亨通，担任了商工省工务、文书和统计科长等职，并于 1935 年升为工务局长。

岸信介属于日本政府内的"革新官僚"。1936 年后，他开始担任"伪满洲国"政府实业部总务司司长、产业部次长和总务厅次长等职。

1939 年，岸信介被调回日本，担任了阿部信行内阁、米内光政内阁、近卫文麿内阁的商工省政务次官。这期间，他曾因坚持经济统制政策与工商大臣小林一三发生争执。1941 年，旧日"伪满洲国"同僚东条英机上台，岸信介被任命为商工大臣，成为东条英机的得力干将。1942 年 4 月在"大政翼赞会"的支持下，他首次当选议员。岸信介是一个非常务实的人，1944 年 7 月，美军攻陷塞班岛，岸信介预测此后美国肯定会轰炸日本的军需工厂，处于劣势的日本应该在那种状况发生之前结束战争，可惜他的进言未被采纳。

1954 年，岸信介与鸠山一郎等人组建了日本民主党，任干事长。1957 年 2 月，岸信介接任患病的石桥湛山担任日本首相。担任首相期间，他与美国签订了新的《日美安保条约》。

1958 年的初春，岸信介把时任日本众议院预算委员长的江崎真澄叫到办公室内，开门见山地说，"我想让你鼎力帮助藤山先生！"江崎真澄在了解了藤山爱一郎的决心后，态度坚定地说："我将与你并肩作战!"就这样,在岸信介牵线搭桥的推动下,"藤山派"诞生了。"藤山派"以藤山爱一郎、江崎真澄、小泽佐重喜为核心开展起来,并且通过大家的精诚合作不断壮大,成为日本政坛的新起之秀。

1960 年初,由于岸信介一心修订《日美安保条约》,引发了日本社会的严重分裂。在各界强大压力下,7 月 19 日,岸信介被迫下台。辞职后,岸信介的派阀内部也四分五裂、矛盾重重。围绕自民党总裁人选即岸信介接班人问题,分别以池田勇人、藤山爱一郎、大野伴睦和石井光次郎为代表人物,昔日同僚分成了几大阵营。经过几轮投票,池田勇人最后登上了首相的宝座,而藤山爱一郎等人则脱离了岸信介派,自立门户,成立了"爱正会",也就是自民党内鼎鼎大名的"藤山派"。

二、贵人携助入政坛

从这种大派系内出发,就如同站在巨人肩上看世界,登高望远,视野无限。二阶俊博与父亲二阶俊太郎商议之后即刻联系了远藤三郎,三人一道拜访了藤山爱一郎。第一次接触到能够影响政经界的实力人物,二阶俊博触动很多。在他眼中,藤山爱一郎是一位"有品位的政治家"。他那一头潇洒的银发,还有举手投足之间的风度,都在二阶俊博内心留下深刻的印象。这次拜访后没过多久,远藤三郎就给二阶俊博打来了电话:"藤山先生同意了。"二阶俊博刚舒了一口气,还没敢流露出太多的兴奋,就又听见远藤三郎收起了轻松的语气,略显严肃地对他说:"不过,由于藤山先生是总理的热门人选,他手下有很多秘书。你要做好心理准备,刚开始去可能在秘书里的最底层。"隔着电话线,二阶俊博依然可以感受到远藤三郎有些迟疑和担忧。他接着又说:"虽然当藤山先生的秘书看起来很帅,但是层次太多,也有可能学不到太多东西。如果你真想学政治的话,还不如到我这里来。"

最后一句话让此前一直执迷不悟的二阶俊博突然惊醒,这是远藤先生想要好好培养自己啊!远藤"叔叔"是设身处地为二阶俊博着想,与其在藤山爱一郎手下做最底层的秘书,不如带在身边亲自培养。可是,此时的二阶俊博,还是一个满怀梦想的青年,对未来还是充满了各种憧憬。他想,不如先在远藤先生那儿干上半年,之后再找个上班族的工作。对于远藤三郎的关心,他坦诚地回复说:"能让我先在您那儿干上半年吗?"得到远藤三郎肯定的回答后,二阶俊博成了一名政治家的贴身秘书,迈出了走向社会的第一步。

秘书的生活是复杂丰富的,也是辛苦枯燥的。远藤三郎还有其他秘书,农林省出身的森崎守夫、佐佐木邦彦、高木贞男等,论年资和经验,他们都比二阶俊博高得多。工作伊始,作为一个什么都不懂的新人,二阶俊博相信勤能补拙,理应多付出一些努力。因为住在后乐园附近,离众议院议员会馆很近,所以二阶俊博往往第一个到达会馆,打扫卫生、端茶倒水,为事务所做好准备工作。看来,哪国的政治家都是一样,成就一番大事业的起点就是从认真做好这些不起眼的小事开始的。

很快,二阶俊博的勤劳、认真得到了前辈秘书们的一致肯定。前辈们非常喜欢这个踏实肯干的小伙子,都乐于传授给他一些政治方面的"秘籍"。

为了锻炼二阶俊博,远藤三郎让他负责选区交上来的选民陈情,多了解社会问题,听民意,接地气。对民生现状有了一定认识之后,远藤三郎还有意安排二阶俊博陪同自己会见政经界的重要人物。远藤三郎与自民党内实力派人物福田赳夫会面,经常让二阶俊博列席。与经济界大佬日本商工会议所会长、东京急行电铁社长五岛昇的会谈,也让二阶俊博陪同。很多次,会谈结束后,远藤三郎还会特意开车把二阶俊博送回家,一方面是体恤他等地铁的辛苦,但更多的考虑是增加沟通交流的机会,促进二阶俊博的成长。

"你爸爸把你托付给我,可不是让我光教你到处喝酒的。不要迷失在表面的浮华中,回家后要好好学习。这段时间不是出了经济白皮书嘛!文章很长,你把它整理成政治家的语言。对你来说,这就是很好的学习。"路边的霓虹灯映在车窗上,不停地变幻着各种形态,光影交叠中,远藤三郎语重心长的话语让二阶俊博心里更踏实了。

不仅给予他人生大方向的引导,远藤三郎在细节方面对二阶俊博还提出了意见。远藤三郎说:"最近猪肉的价格怎样?鸡蛋涨价了没?大米是不是贵了?你仔细去做一下调查,因为这些都是老百姓们最关心的事情,不了解这些,就不会明白老百姓在想什么!"虽然平时也吃大米、猪肉、鸡蛋这样寻常的食物,几乎每天都会接触到,但二阶俊博并没有太在意它们的价格变化。按照远藤三郎的吩咐,二阶俊博对猪肉和鸡蛋的价格变化做了系统、深入的调查。经过调查,他发现这看似普通的米面粮却蕴藏了大量社会民生问题,折射出深层次的经济原理,以微知著,让人吃惊。二阶俊博更为自己能够成为远藤先生的秘书而庆幸。

作为阁僚,远藤三郎甚至在文书处理、信件回复等方面,给予二阶俊博详细的指点。经过这段时间的学习,二阶俊博的政治素养有了很大的提升。他开始与远藤三郎讨论一些具体的政治问题,远藤三郎求真务实的态度让二阶俊博毫无顾忌、畅所欲言,每当讨论到双方的原有看法都似乎产生动摇时,远藤往往会说:"今天就到此为止,接下来,我也得好好考虑一下。"远藤三郎回去之后,会继续梳理、完善自己的观点,但是绝不轻易放弃自己的原则。广泛的听取意见,积极核实求证,坚定的秉持信念,二阶俊博觉得,这便是硬朗政治家的风格!

一转眼,半年的约定期到了。一天,远藤三郎把二阶俊博叫到身边:"你当时说的是做半年的秘书吧!以后打算怎么走?参加选举,会因为钱发愁。如果想发财,就不要做政治家。我可以推荐你去大企业当社长的秘书。作为政治家,也有必要跟企业保持稳定的联系。"

或许是视自己为子侄的"远藤叔叔"说话太直接,听了这话,二阶俊博立即怀疑"自己是不是哪里出错了?"远藤三郎似乎看穿了他的心思:"并不是这样,我想让你继承我的选举区,要确定你的想法。"换句话说,他是想让二阶俊博多留在自己身边一段时间,好好培养他。明白远藤三郎的深意后,二阶俊博也陷入了犹豫之中。这半年时间让他成长许多,收获许多,太多太多的新信息冲进他的大脑,他还来不及消化吸收。难得的机会摆在眼前,换做其他人可能很爽快地就答应了,可是诚实的二阶俊博认真地回答道:"请再留我半年,在这半年之中,我将决定自己的未来。"听了二阶俊博坦诚的回答,远藤三郎宽容地点头答应了。

工作时间之外,"远藤叔叔"也不断影响和改变着二阶俊博的认识。远藤三郎与二阶俊博都很喜欢棒球,去后乐园的棒球场看比赛是两个人都很喜欢的一种放松方式。有时,见二阶俊博没吃东西,远藤三郎还特意跑出去给他买个面包。这样体贴入微的关怀让二阶俊博如沐春风。在此后的从政道路上,即使是面对下属与后辈,二阶俊博也一直是以礼相待,用心相交。"待人,不摆架子、真心诚意最为重要。这是当年我从远藤先生身上学到的。"

除了棒球,远藤三郎还喜欢拳击。二阶俊博经常陪他看比赛。不过,二阶俊博并不喜欢看"见血"的拳击比赛,远藤三郎发现他看比赛的兴趣不大,就教育他说:"政坛上的斗争,有时候会招招见血。为了自己坚持的主张,必须去面对这些残酷的斗争,即使不习惯也不能逃避。"

在日本,政治家维护好自己的选区非常关键。这一点对远藤三郎也不例外。

因为和二阶俊太郎相知相惜的情谊,也因为二阶俊博确实是一位可塑之才,远藤三郎才在他身上倾注了很多心血和感情。远藤三郎经常会让二阶俊博陪伴自己去静冈县沼津市的选区。每次看到那熟悉的青山绿水，远藤三郎都会感叹道："即便是环游了世界，还是静冈县最好。这里能够看到美丽的富士山，是生我养我的地方啊。"或许，正因为远藤三郎是这样一位重情重义的人，才会给予二阶俊博倾尽所有的帮助和无微不至的关怀吧。

三、临危不乱委重托

就在二阶俊博第二个"试用期"期间，年轻的他不得不面对一个又一个接连出现的考验。秘书的工作刚刚步入正轨一年，远藤三郎却突然因为脑溢血病倒了。那是 1962 年 3 月，千鸟渊的樱花开得非常美。早上起床，远藤三郎就感觉到身体不舒服。然而，想到有一大堆事情等着处理，他还是坚持前往国会。刚进国会大门，远藤三郎就觉得身体撑不住了，不得不考虑回家休息。回到了家里，一阵剧烈的疼痛袭来，之后便不省人事，紧接着远藤三郎就被家人送到了东京大学医院。如师如父大山一般的远藤三郎突然倒下，二阶俊博顿时感觉到自己像风雨中颤抖摇摆的树叶，心中充满不安。

屋漏偏逢连夜雨。远藤三郎倒下了，一个大问题却来了。建设省道路局长高野务急着要见远藤三郎。因为远藤三郎担任着东京—名古屋高速公路建设促进议员联盟会长的职务，高野务局长尽管有出众的工作能力，但如何在公路建设上采取下一步行动，他还是担心自己的考虑欠妥，想征求远藤三郎的意见。而此时远藤三郎已经恢复意识，正在东京大学医院住院疗养，但是从身体状况考虑，很难接见高野。

日本的政治家一般不对外宣布病情，以免给外界造成不安。高野务局长自然不知道远藤三郎已经住院。高野务说："如果不方便，我可以去远藤先生的家中。如果远藤先生在出差，我可以在东京站等他。"这可难坏了秘书们,到底是见还是不见呢?

对于高野务的执着,二阶俊博也很苦恼。不过,换个角度想想,高野务要请教的是关系国家政治的大事,也倾注了远藤三郎的心血,绝对不能影响进程。二阶俊博与前辈们认真讨论后觉得高野务局长完全能胜任,于是"先斩后奏"地对他说:"远藤先生相信您。这件事就拜托给高野务局长了。"对于远藤的病情,二阶俊博只字未提,同时又没有让项目运行因远藤三郎生病而停滞,展示出高超的处理技巧和勇于担当的政治魄力。

二阶俊博表现出的才能,越来越引起了远藤三郎的注意。尚在修养期间的远藤三郎把二阶俊博叫到身边,把一件重要的事情交付给他:"我非常在意佐贺县杉原荒太先生的选举情况,你能不能帮我去支援他一下?"二阶俊博很清楚,远藤三郎与杉原荒太是多年挚友,这份特殊的任务意味着远藤三郎对自己能力的认可,是信任也是考验,二阶俊博因此毫不犹豫地答应了下来。

7月1日是参议院选举的日子,二阶俊博要在此前赶到佐贺县。出发那天,事务所的前辈们把他一直送到东京站。前辈们给二阶俊博准备了便当,拍着他的后背让他加油。一位前辈说:"虽然你要去的地方很复杂,但一定要精神的回来啊!"当时,日本有句话叫"佐贺人过,寸草不生"。前辈的意思是,你这次要去的地方很凶险,一定要保重的。带着远藤三郎的信任和前辈们的嘱托,二阶俊博坐上了赶往佐贺的夜班车。

与他一道的,还有一个很特殊的旅伴——杉原的选举参谋织田桃彦。事实上,他是先行一步来一探究竟的,要来看看二阶俊博究竟是何等人物,有几斤几两的。因为接下来的一段时间里,二阶俊博要与选举阵营日夜相伴,他负责的工作也会成为影响选举结果的因素之一,佐贺方面需要先确认一下二阶俊博有没有这个能力。简单来说,织田桃彦就是佐贺方面派出的一名"考官"。

不过,这名考官还没出题,二阶俊博就已经给出了令人满意的答卷。他对织田桃彦说:"我仔细研究过了,此次选举的决胜点在于 12 万票。"12 万,这个数字,与织田桃彦内心预想的数字正好吻合,二阶俊博顺利通过了织田桃彦的"录用考试"。

佐贺县是农业大县,但由于人口稀少,因此在参议院选举中属于一人选区。杉原荒太从 1956 年 7 月第一次当选参选员以来,已经成功连任两届,此次选举是他第三次发起挑战。三连选,对于一个政治家来说意义重大,一方面体现了选民对自己过去成绩的肯定,另一方面也代表着选民对自己将来政策的期待。

杉原荒太出生于 1899 年 8 月 28 日,老家位于现在的武雄市山内町。1922 年从大阪市立高等商业学校毕业后,杉原荒太进入外务省工作。随后去美国佛蒙特大学深造,回日本后,又做过日本驻南京总领事、外务省企划课长等职。日本战败后的 1946 年 1 月,杉原荒太以条约局局长的身份辞去官职。1950 年 6 月杉原荒太决定参选议员,没想到第一次出马的他,就取得了胜利。1958 年,第二次鸠山一郎出任内阁时他还担任了防卫厅长官。要知道,鸠山内阁时期,日本与苏联的走近,与杉原荒太的推动密不可分。他可是一个在日本外交史上留名的重要人物,得到世人高度的评价。

二阶俊博也经常听远藤三郎说起杉原荒太,远藤三郎说杉原荒太是个"硬骨头"。那是杉原荒太担任条约局长时的事情。当时担任首相的吉田茂,还兼任着外相。换句话说,就是杉原荒太的顶头上司。那时,为了竞争职位,官员们都抢着到吉田茂那里"报到",加深印象,增进感情。可是人群中,就是遍寻不到杉原荒太的身影。

有一次,吉田茂来到外务省。喜欢挖苦人的吉田茂调侃杉原荒太说:"长时间看不到局长,所以我亲自来拜访了。"杉原荒太则面无表情地回应道,"如果有事情,我肯定会去您那汇报,让您裁决的。不过,现在没有事情,所以就没去。"要知道,敢这么跟首相说话的人,实在没几个。杉原荒太不卑不亢的态度让大家大为震惊。

性格耿直的杉原荒太,虽然是一流的政治家,但是面对当时流行的"街头政治",却也存在一大问题。他不喜欢去大街上拜票,而这就是远藤三郎比较担心的原因。二阶俊博进驻杉原荒太的选举事务所后,马上投入工作状态中,开始加速推进选举进程。由于提出的选举对策得当,二阶很快成为选举阵营的核心。整个白天,二阶俊博坐上选举宣传车,四处奔走拜票。到了晚上,他就从杉原荒太团队选举核心转化为远藤三郎的秘书,拜访一些当地的实力派,请求他们的支持。有意思的是,此次选举,早稻田大学辩论部还派出了 10 名声洪嗓大的学生前来支援,不过室内辩论毕竟不同于街头演说,面对来来往往的"父老乡亲",他们在大街上失声了! 在这当口,二阶俊博二话不说,拿过话筒滔滔不绝地宣讲起来。当年,海边"拉拉队"迎着海风训练出来的技能,此时派上了用场。

虽然坊间流传"佐贺人过,寸草不生"的传言,但是二阶俊博觉得,他接触到的佐贺人都非常善良。二阶认为,这些传言都是道听途说,是人们对佐贺县的偏见!

24 岁的二阶俊博,在佐贺县选民面前就像一个热情满满的邻家大男孩。佐贺县的选民很快喜欢上了他。可是对于这个新来的年轻人,大家又不知道如何表达他们对二阶俊博的好感。既然说不出口就用行动来表达吧,有人就想到送佐贺特产口虾蛄给他。不过,在和歌山县出生的二阶俊博完全不知道该怎么吃这个"佐贺土产",煎炒炸卤炖,酸甜苦辣咸,工作能力出众的他对着口虾蛄束手无策。与其自己纠结,不如虚心求教,他决定打电话请教佐贺县民。答案很简单,这种"佐贺土产"口感鲜甜,无需处理,只要放盐就行了。就这样,品尝着口虾蛄,二阶俊博恍然大悟,佐贺人对自己的认可和好感就体现在这不用费心料理就能呈现出鲜美滋味的食物里! 一个人送,两个人送,大家都跟着送。两个月的选举期间,口虾蛄从没离开过二阶俊博的餐桌。

在每天的奔波忙碌中,两个月的选举期结束了。1962 年 7 月 1 日,参议院选举开票。二阶俊博从鹿岛到佐贺县的出租车里,通过广播得知了选举结果。杉原荒太获得了 136812 票，第三次成功当选。而第二位社民党的八木升获得了 134062 票，两人仅有 1200 票的差距。当选后没多久，杉原荒太就来到东京大学医院，专程拜访了还在住院的远藤三郎。杉原荒太表达了对二阶俊博诚挚的谢意，他说："此次选举，二阶君的作用很大，非常非常感谢。"两个月来的辛勤工作得到认可让二阶俊博感到欣慰，也让他看到了杉原荒太富有人情味的一面。

后来，杉原荒太再次当选参议员，成为了四次当选的"元老议员"，这与二阶俊博等人打下的坚实基础有很大关系。杉原荒太确实是一个很懂得感恩的人。不久之后，二阶俊博的父亲参选和歌山县县议员时，杉原荒太还特意跑去助阵辅选，知道内情的人无不为之感动。

人生的旅程，是不断变换的风景，是人与人的相遇相识。对于一个善于学习和思考的人来说，每一次际遇都会有新的收获。在佐贺县与杉原荒太同吃同住的两个月时间里，二阶俊博从他身上学到了政治家的"硬气"与"感恩"，也收获了更多人的信任与认可。远藤三郎、杉原荒太，这些政治家的品格如水滴石穿般的影响着二阶俊博，他越来越喜欢这样充满挑战的工作，当初要进大企业的固执念头早就不知道丢到哪儿去了。

四、恩师辞世情永忆

被远藤三郎的人格魅力所吸引，也被秘书工作的积极意义所打动，二阶俊博沉下心来，踏踏实实地跟在远藤三郎身边学习处理各种事务，协调各方关系，一干就是 11 年。

1971 年 12 月 26 日，"藤山派"成员召开了一次关于合并的会议。27 日，曾经担任过自民党政调会长、通商大臣、大藏大臣的水田三喜男,在吸收了"藤山派"、"村上派"后,并整合"船田派"、"村上派",组建了新的"水田派"。

当天,"藤山派"成员在东京的一家酒店里举行会谈,商谈并入"水田派"的事宜。水田三喜男、江崎真澄等人出席,两人积极协商合并的各项工作,并不时交换意见。远藤三郎对于并入"水田派"却并不是很积极,不过,为了大局,最终他还是同意了。

会谈中,田村元坐在远藤三郎旁边。就在会谈进行时,远藤三郎的身体开始出现发抖的现象。因为他之前也有过跌倒、右手发抖的情况,田村并没有太在意,只是把他扶到旁边的沙发上休息。会议继续进行,远藤三郎提前退场。

离开酒店后,远藤三郎决定在赤坂附近的"大野"料理店休息一下。"老板娘,我的右手有点奇怪,身体不太舒服,麻烦给我叫个按摩的来吧!"听到远藤三郎身体不舒服,"大野"料理店的老板娘立马打电话叫来了按摩师。

按摩师还在路上,料理店碰巧来了一位给店员检查身体的医生。老板娘赶紧拜托医生:"顺便给远藤先生也看看吧!"医生给远藤先生检查完脸色大变:"不好!"

此时,身体不适的远藤三郎还不忘给二阶俊博打去电话。"今晚有水田派的重要会议,天气有点冷,我先回家休息了,你替我出席吧!"接完电话,二阶俊博感觉有点奇怪:国会议员们参加的酒会,议员不参加秘书自己出席不合规矩吧? 远藤三郎先生不会做出不合理的安排,可能他今晚身体不适吧。

二阶俊博给远藤三郎当了 11 年秘书,这是他第一次没有完成远藤三郎交办的任务。他无论如何都不会想到那通电话,竟然成为他与远藤三郎最后的通话。远藤三郎从"大野"料理店回到家中后,不幸的事情发生了。晚上 7 点左右,远藤三郎突发脑溢血死亡,享年68 岁。事出突然,秘书们暂停一切工作,开始处理远藤三郎的后事。

就在举行葬礼的几天前,江崎真澄找到二阶俊博,拜托他说:

"你跟随远藤先生多年,你把自己的心情写下来,给我原稿就行,我来修改。"笔如千斤,字不成行,二阶俊博不由回想起跟随远藤先生这 11 年的时光,眼泪早已在不知不觉中夺眶而出。"远藤先生克服了脑溢血后,作为政治家完成了自己的使命。我虽然人微力薄,但是很庆幸为远藤先生鞠躬尽瘁。远藤先生走了,我很寂寞。"字字句句,含泪带血,既有对父亲一般的长辈的不舍,也有对亲民勤政的政治家的追思。

1972 年 1 月 11 日,静冈县沼津市的公会堂,日本自由民主党静冈县支部为远藤三郎举办了葬礼。

这一天,天气阴沉沉的。葬礼委员长是藤山爱一郎,江崎真澄致辞。远藤三郎的突然离世,让二阶俊博陷入了无尽的悲痛之中。11 年风雨追随,如父如友的相处,共同进退的情谊,千言万语也说不尽,最后却只化成一句:"一路走好!"

葬礼几天后,二阶俊博拜访了远藤三郎的哥哥远藤佐市郎。远藤佐市郎曾经担任高中老师和裾野市长,如今虽然被白内障拖累,眼睛基本上看不见了,但是还在为社会民生问题奔忙着。他与弟弟远藤三郎一样,都是东京大学的优秀毕业生。当老师时,佐市郎培养出了很多厉害的门生,如担任内阁官房长官、外务大臣的伊东正义,担任环境厅长官的原文兵卫。

佐市郎非常照顾二阶俊博,经常与这个后辈谈论各种事情,即使在担任市长期间,也会不厌其烦地指点他一些细节问题。有一次,佐市郎对二阶说:"二阶君,坐出租车时,经常有拿着一万日元给司机的乘客。其实,这样不好。我们应该在坐车时就大概计算好要走的路程,并准备好零钱。"日理万机的市长说出的这番话对二阶俊博触动很大,凡事都为他人着想是一个优秀的政治家应该具备的素养。

二阶俊博的来访,让猝失弟弟的佐市郎感到安慰。他对二阶俊博说:"很遗憾,现在我已经看不到你了。但是,你的样子我还是可以通过你的声音清晰地感知到。这些年来,你为三郎辛苦了。在政治的世界里,有很多意外的事情会发生。我觉得,你是继承三郎足迹的最佳人选。不知能否作为三郎的继任者参选众议员?"

听了他的话,二阶俊博非常感慨,得到远藤三郎亲哥哥的信任和委托,是对自己多年来努力付出最大的肯定,不过,向来坦诚的他也婉拒道:"我从来没有过这样的梦想。到目前为止,我还没有这样的期待。我为远藤先生工作的这 11 年里,能得到您的这句话,就非常感激了。我要回到我的故乡,那里有很多等着我的人。"

对于未来,二阶俊博有自己的想法,他已经决定继承父亲的志向,参选和歌山县县议员。因为父亲与远藤三郎的关系,二阶俊博见识过很多落选的政治家,而他们败选的主要原因是没有强大的根基。无本之木不能长久,年轻时在异乡度过了太多岁月,二阶俊博觉得,如果要挑战政治还得回到原点,回到自己的故乡去。的确,由于跟随远藤三郎 11 年,远藤的后援会及选民都非常认可二阶,如果直接继承远藤三郎的地盘在静冈参选,获胜的几率非常高。可是,比起借助远藤先生的影响乘坐"空中缆车"直上云霄,二阶俊博更希望自己能够一步一个脚印在家乡扎下最牢靠的根基。幸运的是,二阶俊博的故乡地方不大,而且是父亲的选举地盘,多年的游子很快就熟悉了这里的工作环境。

从准备和歌山县议员的选举开始,二阶俊博就正式走上了独立参政之路,他一天比一天忙。可是,为了纪念远藤三郎,他再忙也没有忘记要亲手为恩师写一本书。这本书的写作,伴随了二阶俊博近 20 年的时光。1990 年 6 月 12 日,《追想远藤三郎》终于出版了。虽然离远藤三郎去世已经隔了很长一段时间,但是在书中,二阶俊博对远藤三郎的无限追思,却丝毫没有褪色。"随着渐渐老去,我们会无可奈何地忘却人生道路上的绝大多数东西。但是,有些人、有些事却会深深镌刻在记忆里,直到我们死去。"二阶俊博深情地说。

二阶俊博向恩师远藤三郎雕像献花

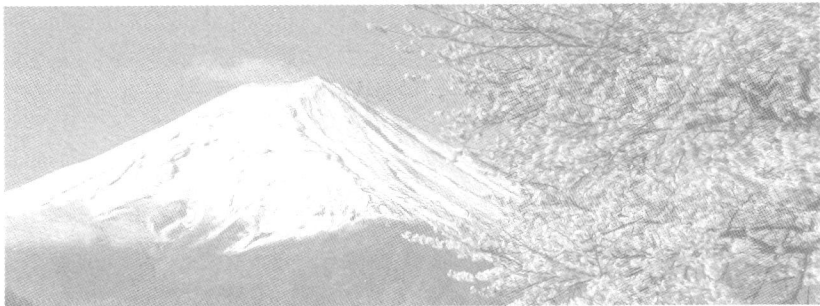

第八章

和歌山县的挑战

　　合抱之木,生于毫末;而千里之堤,溃于蚁穴。诚然,二阶俊博很幸运,并非出生于政治世家的他却比一般人起点高,第一份工作就是给"大人物"当秘书,让他少走许多弯路,但是他清楚牵一发动全身的道理,如果基础不牢,稍有风浪就会地动山摇。只有把脚步深深地印在泥土里,接地气,解民情,才能练就一身过硬的本领,才能得到脱胎换骨的成长。

　　从繁华的东京回到老家和歌山县,二阶俊博经历了异常残酷的选战、封闭保守的议会、困难重重的基建项目……每一次考验都异常艰难,但是那些没能击倒二阶俊博的东西,最终使他变得更强大。二阶俊博凭借自己的坚定信念与实干精神,获得了乡亲们的认可与尊重,一手一脚打造出了最坚实的"政治地盘"。这是他从政的根基所在,也是他的力量源泉。

一、雏鹰展翅险胜出

十年磨一剑，霜刃未曾试。度过了 11 年耕耘幕后的秘书生涯后，二阶俊博终于走向了前台，开始在属于自己的舞台上一展所长。1974 年春季，他告别久居的东京，回到老家和歌山县，全力备战县议员选举。1975 年 4 月，选举如期而至。虽说二阶俊博是初次自立门户独当一面，但是助选经验丰富的他凭借巧妙的选举策略，首次参选就一举击败了经营多年的对手。

初出茅庐的二阶俊博与"老江湖"的对决，堪称和歌山县选举史上的一场经典之战，多年之后依然被人们当作教科书般的示例时常提起。二阶俊博竞选后援会的主力军由他的小学、初中还有高中的好友组成。另外，父亲二阶俊太郎一直热心于家乡的经济建设和民生发展，在和歌山县赢得了极好的口碑和人气，支持父亲的各界人士也纷纷来给他的儿子帮忙、助选。

17 岁的二阶俊博带领日高高中棒球队后援团去甲子园助威时，一位教练曾对他说："这次甲子园之行，你最大的收获是人脉，这必定会为你的将来打下基础。"眼见着当年的小伙伴们全力协助自己参选，不辞辛劳忙前忙后，二阶俊博不禁想到老师当年说的话，心中生出无限感慨。

担任远藤三郎秘书时积累的人脉，也让二阶俊博如虎添翼。选举期间，被称为"远藤弟子"的静冈县知事山本敬三郎、沼津市市长原精一前来助阵。甚至老资格的众议员中马辰猪都从东京千里迢迢赶过来为二阶俊博助阵。

中马辰猪是佐藤派成员，远藤三郎是藤山派成员。派阀之间水火不容，几乎成了日本政坛"约定俗成"的"常理"。但在众议院议员会馆中，远藤三郎的房间与中马辰猪的房间距离很近，低头不见抬头见。二阶俊博高效机变的工作能力，中马辰猪都看在眼里，他非常喜欢这个能干的年轻人，经常说："二阶君，你别干秘书了，赶快像我们一样成为议员吧！"

得知二阶俊博要参选县议员，早就看好他的中马辰猪特意暂停手中工作从东京赶来支援，一到和歌山县，他马上投入到气氛热烈的选举活动中，声情并茂地扯着嗓子演讲，不遗余力地在街头为二阶俊博拉票。二阶俊博也在大家面前骄傲地介绍道："这位是中马辰猪先生，他在不久的内阁改革中一定会担任阁僚。"正如二阶俊博所预言的一样，1976 年的三木武夫改造内阁中，中马辰猪果然担任了建设大臣。

当时，还有一位前来支援的人物也是倾尽全力的为二阶俊博"助攻"，他便是第二次当选国会议员的小泽一郎。早在小泽一郎当选议员之前，二阶俊博就跟他关系亲厚。小泽一郎的父亲小泽佐重喜与远藤三郎都属于"藤山派"。1968 年 5 月 8 日，小泽一郎的父亲小泽佐重喜去世。远藤三郎特意前往岩手县出席小泽佐重喜的葬礼。乘坐飞机时，远藤三郎突发脑溢血，晕了过去。

小泽佐重喜葬礼几天后，小泽一郎与母亲来到议员会馆拜访远藤三郎，对他带病出席葬礼表示感谢。不巧的是远藤三郎正好外出，当时恰好是二阶俊博作为秘书代表远藤三郎接受了他们的感谢。

在日本，政治家去世后，一般由儿子前来答谢出席葬礼者，经过这样的历练，他们会更加成熟稳重。尽管了解这种情况，首次见到小泽一郎的二阶俊博依然感到非常吃惊，年轻的面容和沉着的气度让二阶俊博暗生疑问："他是佐重喜先生的儿子吗，太年轻了。"

几次交谈后，二阶俊博得知，26 岁的小泽一郎已经从庆应大学毕业，目前正在读研究生。小泽一郎虽然年纪轻轻，但实力却不俗，一年半后的 1979 年 12 月，他就以 28 岁的年纪成功当选众议员，成为日本政坛的爆炸性新闻。

为此，江崎真澄特意询问二阶俊博："这次，小泽佐重喜的儿子当选了,你认识他吗?"

"认识,他曾经来议员会馆打过招呼,我是那个时候认识的。"

江崎真澄又叮嘱他:"你和小泽一郎年龄相仿,他要是有什么需要帮忙的地方,你看情况帮助一下。"有了这层因缘,加上二阶俊博与小泽一郎是同龄人,彼此又谈得来,所以很快便熟络起来,成了要好的朋友。选举前的"临门一脚",好朋友小泽一郎赶来"助攻",让二阶俊博更增添了一份信心。

因为父亲的关系,日本道路公团副总裁佐藤宽政等人率领的豪华支援团也前来助阵,让二阶俊博的选举军团愈发强大。一下子来了这么多客人,二阶俊博对太太怜子说:"你去跟前来支援的前辈和朋友们打个招呼吧。"看着丈夫志在必得的气势,怜子心中明白,此刻也到了自己拼尽全力的时候。那时,二阶俊博的二儿子二阶直哉刚刚出生。身体尚未复原的怜子带着两个儿子告别东京,回到了老家和歌山县。幼子弱妇从"和平地带"来到了"战场",而对手还是擅长选战的"老江湖",这需要何等的勇气。

为了获得支持,怜子每晚都要去拜访大量选民,孩子们也被寄养在亲戚家中。二阶俊博每天奔走于选举活动,怜子人前人后地到处拉票,两口子忙得天昏地暗。

选战是激烈和残酷的。况且那时,日本法律对选举暴力的规定并不严格。二阶俊博的家中甚至收到过别人送来的葬礼花圈。有一次,怜子与二阶俊博的支持者一起乘车经过对手阵营所在的地区时,竟然被对手的支持者团团围住。他们态度粗暴地让二阶俊博"赶紧滚蛋"。怜子在应对这种冲突场面时却镇定自若,她目光坚定、露出自信的微笑,说:"我的丈夫才不怕呢,我为什么要怕!"

后来,助选的门三佐博回忆起这场惊心动魄的选战时,是这样描述的:"如果选区的市民只有两个人,那么一人是二阶俊博的支持者,而另一人则是对手的支持者,不会有第三个人。这场选战是真是一场势均力敌的较量啊!"

4月13日,开票的日子。二阶俊博一整天都在选举办公室不远处焦急地等待着结果,他心里很清楚,需要从对手那里抢到3000票才能当选。因为远藤三郎的关系,静冈县的人对继承其实干精神的二阶俊博寄予厚望,他们也在盼望着,希望尽早知道选举结果。自民党静冈县联干事长佐野嘉吉从静冈县不断给二阶俊博的选举办公室打电话,电话一直没有接通,佐野嘉吉心想:"电话一直占线,说明选举办公室里应该是一直有人的,也就是说还有希望。"

选战的结果终于出来了,二阶俊博告捷,获得了9386票,而对手获得9276票。在投票率91.6%的情况下,两者只有110票的微弱差距。"只要我们有一个小时松懈,就会少掉这些票数啊。"二阶俊博流下了激动的泪水。他赶回选举办公室,感谢支持他的所有人。此时,佐野嘉吉的电话终于打进来了。得知二阶俊博以110票的优势稍胜一筹后,他高兴地说道:"太好了,真是险胜啊!后面应该就没什么问题了。"

面对老辣的对手,二阶俊博做到了!经过这次险象环生的选举,二阶俊博想,太惊险了,再也不要出现110票之差险胜的情况了。而对于与丈夫并肩战斗的怜子而言,这不仅仅是一场选举的胜利,也是人生中最难忘的记忆。面对前来祝贺的亲朋,她难掩情绪的波动,声音微颤地说:"此次的选举真是一场激战,在战斗最紧要的关头,能得到选区及各地朋友们的鼎力支持,对我来说是一生的财富。大家对我们的这份恩情,我们永生难忘。"

此次和歌山县议员的选举中,与二阶俊博一起当选的还有门三佐博。他1936年生于伊都郡葛城町,在参选县议员前,门三佐博曾在和歌山县工作了13年之久,与二阶俊博的父亲二阶俊太郎关系非常好,

经常听到二阶俊太郎谈到他儿子工作和生活的一些情况。那时,门三佐博的心里就有预感,二阶俊博会是和歌山县的政治新星。正如他所料,二阶俊博杀出重围,首次参选就当选。他相信,二阶俊

1975年4月,首次当选和歌山县议员的二阶俊博与家人及支持者在一起

博的当选,将给和歌山县带来重大的改变。

二、破阻筑坝树新风

　　春风得意马蹄疾,一日看尽长安花。首次当选的二阶俊博意气风发,他踌躇满志地准备施展自己的政治抱负,为改变家乡面貌大干一场。不过,情况往往比预想的复杂,很快,他就发现了严重的问题。和歌山县议会因为议长选举出现了分裂。而更大的阻力在于,老议员们不把年轻议员放在眼里,在论资排辈的县议会,没有连续当选三四届议员的资历,就不可能有机会担任具体项目的负责人。整个县议会给人的感觉就是充斥着保守与闭塞,到处死气沉沉。

　　是随波逐流让大家觉得"好相处"? 还是奋力而起来一场彻底

的革新？显然，二阶俊博选择了后者。一个篱笆三个桩，做事情，搞个人英雄主义不行，要团结志同道合的人一起干。二阶俊博决定成立一个由新议员组成的组织，为和歌山县议会注入朝气与锐气。

新议员很容易分辨，他们有一个共同特点，就是肤色都很黑。这黑，正是他们早出晚归做街头演说，向民众拜票的最好印记。有着相似"黑皮肤"的10位新议员齐聚在一家名叫"石泉阁"的旅馆，商谈成立组织的相关事宜。他们分别是：二阶俊博、门三佐博、岸本光造、富田丰、西本长浩、龟井旷、竹中俊雄、山形繁雄、马头哲弥、松本源一。

首先要为组织取一个名字。说起来也非常有趣，他们商谈的房间里正好挂着一幅字画，里面写着"清新"二字。看到字画的一位议员突然来了一句："好，就这个了。清新，我们要给和歌山县政刮起一阵清新之风。"

大家听到这个提案后，连连点赞。简洁明了，寓意也好，就是它了！1975年5月7日，"清新俱乐部"正式成立。与所有政治团体一样，"清新俱乐部"也提出了自己的口号。他们的口号是，"为县民谋福祉，向县政刮新风。"

深知政治经验缺乏是发展的短板，"清新俱乐部"为此组织了很多活动，对内，可以增加交流、丰富认识，对外，又能够扩大影响、促进发展，这其中，最有意义的莫过于各种学习会。1975年7月22日到25日，"清新俱乐部"在东京自民党本部举行了夏季议员研修会。讲师除了和歌山县出生的国会议员外，还有很多政经界的大人物。比如经济企划厅综合计划局参事官藤井直树（之后成为经济企划事务次官）、自治省财政课长石原信雄（之后成为内阁官房副长官）、自治省选举部长土屋佳照（之后成为鹿儿岛县知事）、众议院议员江崎真澄和中曾根康弘。

夏季议员研修会之后，学习会还在持续传递着"清新"的信息。1976年，"清新俱乐部"邀请来的讲师有国际协力事业团总裁法眼晋作、运输省航空局飞行部长梶原清（之后成为参议员）、《每日新闻》顾问松冈英夫等政经名人。尤其值得注意的是，1977 年的讲师阵容里还出现了众议员小泉纯一郎的身影，这也成为二阶俊博与小泉纯一郎相识相知的缘起。

一方水土抚育一方子民。在和歌山县长大的二阶俊博，对养育他的山山水水都充满了深沉的情感，这里的人们的衣食住行无时无刻不牵动着他的心。日本夏季台风频发，而和歌山县正好处于日本本州岛纪伊半岛西部，是台风的必经地带。二战结束后，日本国内百废待兴，政府没有足够的资金建设防洪、防台风的设施，以至于每当夏季来临时，和歌山县民众都要提心吊胆过日子，盼着台风能"温柔"一点。然而，天不遂人愿，和歌山县经常被淹。当地人在盖房子时，都会在榻榻米下面编号，以便洪水退去后，可以尽快找到自家丢失的物品，让家里恢复原样。那时，和歌山县，就是日本"台风受灾地"的代名词。

发生在 1953 年 7 月 17 日至 18 日的风灾令二阶俊博终生难忘。连续两天的暴雨，引发了一场和歌山县有史以来最严重的气象灾害，也就是后来日本所称的"七·一八水灾"。那时的二阶俊博只有 14 岁，是一名初二学生。和大部分受灾群众一样，他也没能回家，在校园里度过了担惊受怕的一晚。据统计，这场水灾共造成 1015 人死亡或失踪，3209 栋房屋倒塌，3986 人流离失所、无家可归。

二阶俊博清楚地记得，水灾过后，父亲的朋友们背着大包小包从大阪赶来支援。肆虐的洪水冲毁了铁路，他们就乘船甚至步行来到和歌山县，大大小小的包裹里装的都是急用的罐头。他们想的是灾民们首先不能饿肚子，好好生存下来才能重建家园。直到现在，提到这份雪中送炭的情谊，二阶俊博都感动不已。

由于天灾经常光顾，市民的生命财产时刻受到威胁，防止灾害发生就成了和歌山县面临的重大课题。和歌山县民众迫切需要建设一座大坝，调控蓄能，减灾降损。二阶俊博立志为和歌山县带来"清新"的风气,既然担任县议会议员一职,就应当关注民众的诉求,代替民众发声,为民众解燃眉之急。二阶俊博非常关注大坝的建设进程,为了推动大坝尽快开工建设,他查阅了大量资料,做了细致深入的研究分析。

二阶俊博首先查看的便是县议会过去的会议记录,厚厚的档案记录着很多议员对大坝的建设问题所做过的演说。在查找过程中,二阶俊博意外地发现,第一次提出建坝方案的竟然是自己的父亲二阶俊太郎。父子两代议员,不约而同地提出了相同的问题,是天意,更是把民众安危放在心里的政治家的共同选择。

经过细致的调查分析,二阶俊博总结了自己的想法,并为此专门咨询了椿山大坝问题的前辈——自己的父亲。在听了儿子的陈述后,二阶俊太郎说:"你的想法是对的,但是这是一个大工程,要实现它必须加倍努力。这个过程中,应该让人们知道'七·一八水灾'带给御坊周边群众的悲惨经历。只有这样,才能让当局毫不迟疑地推进大坝的建设。"二阶俊博明白了父亲的深意与寄托,建设椿山大坝既是为民众谋福祉,同时又能实现父亲未尽的心愿,大坝的规划意义重大,二阶俊博信心满满。然而,谁都没有想到,这竟然会是父子俩最后的对话。

1975 年 10 月 3 日,正当二阶俊博出席一个典礼时,突然接到了家里打来的电话。电话那头传来令人担忧的消息:父亲的身体出现了很大的异常。典礼结束后,二阶俊博马上赶回了家。赶到家时,父亲已经躺在床上睡着了。看到父亲情况稳定,二阶俊博悬着的心暂时放了下来。

由于县厅有要事,二阶俊博不能在父亲身边多做停留。等待父亲醒来后,二阶俊博轻声询问:"待会我能去一下县厅吗?"父亲很清楚身为政治家的责任,不仅要顾小家更要顾大家,疲惫的声音透出坚强,说:"我没问题的,你去吧。"

就这样,牵挂着父亲病情的二阶俊博又匆匆赶到了县厅。在那里,县财政课长涌井洋治、砂防利水课长中村坚正等待着他举行碰头会。需要讨论的事情一件接着一件,等到会议结束时夜已经深了,二阶俊博只好先在旅馆里住下来。凌晨两点,突然响起的电话铃声打破了夜晚的宁静。深夜突如其来的电话,通常都不会是什么好消息。电话是前辈议员笹野勇打来的。他在电话中急切地说:"大桥知事,不好了!"二阶俊博听到后,原本紧张的神经绷得更紧了。他来不及多想,马上赶到和歌山医科大学,大桥知事的病情不容乐观,随时都可能撒手人寰。放心不下的二阶俊博在医院守了一夜。亲朋的焦心牵挂没能阻挡病魔的脚步,大桥知事还是在第二天早上去世了。二阶俊博非常伤心,在目送大桥知事的遗体被运走后神情暗淡地回到了县厅。

大桥知事的离世,对于和歌山县是一件大事,为了处理后续事宜,二阶俊博与其他议员约定在县厅外集合。就在此时,又一个不好的消息传来:父亲的病情进一步恶化。二阶俊博马不停蹄赶回家,遗憾的是,他没能跟父亲说上最后一句话。

不到 24 小时,二阶俊博接连遭受了"县政之父"大桥知事、父亲二阶俊太郎离世的双重打击,极度悲伤、痛不欲生。二阶俊博忍不住哀叹造化弄人世事无常,也更坚定了他继承父亲遗志,为民谋福的信念。

大桥知事去世后,接过知事重任的假谷志良上台不久便视察了椿山大坝的建设工作。二阶俊博记得很清楚,那天雨雪交加、寒风刺骨,而人们依然顶风冒雪自发来到现场,他们挥舞着国旗来迎接知事,眼神中充满了无限期待。二阶俊博很想知道,假谷志良知事看到这些,是怎样一种心情?对于建坝他又背负了怎样的压力?带着民众的热切期待,抱着迎难而上的决心,1975 年 12 月,二阶俊博在和歌山县议会全会上,对当地日高川上游的椿山多用途大坝建设问题,发起了担任议员后的首次质询。

去年 9 月,县里决定建设日高川上游的"椿山多功能大坝"。而下面我将站在大坝相关人士以及住民的立场上，对今后椿山大坝的建设过程，进行询问。众所周知，椿山大坝建设的目的是为了让1953年的"七·一八水灾"悲剧不再重演。这是一个经过全县大多数民众同意，以预防灾害为主要目的的多用途大坝。还记得"七·一八水灾"时，日高地区连续降雨量达到了700毫米，引发了日高地区史无前例的大洪水，直接造成日高地区298人死亡或失踪，负伤人数也超过了1470名。20多年过去了，对于那场悲剧，我们仍然记忆犹新。试想，如果那样大的洪水今年再次袭击日高、御坊地区，受灾情况会怎样呢？当时的受害总额约为430亿日元，而现在，随着经济的发展，该区域资产总额达到了原来的四倍。所以说，如果再次发生那样大的洪水，受害总额可能达到5000亿日元，这是一个天文数字啊！为了防止灾害再次发生，我们探讨了当时日高川的治理计划。经过长时间讨论，终于实现了1975年的搬迁补偿，1976年施工，1981年完工的建坝计划。

可是，就在我们为解决水患到处奔走，寻求民众支持的过程中，县里竟然以财政恶化为由，在完全不努力、不听取相关人士和民众意见的情况下，单方面决定延期椿山大坝建设。没有大坝，我们拿什么保护下游48000名居民的生命财产。想到这个问题，"七·一八水灾"时我作为中学生的恐怖体验，又再次浮现在眼前。我对大坝对策本部的一连串不作为行为表示不服！你们对促进大坝建设具体做了什么努力？请说明！

你们说经济有所恢复的话可以继续施工，但这个评价经济景气与否的标准又是什么呢？请回答！大坝对策本部、紧急财政对策委员会是基于何种预测，才做出上述决定的？请告知！财政困难，是县民都知道的事情，毕竟这是需要220亿日元的大事业。但是，人命关天啊！如果不解决日高川的水患问题，那将又是多少条生命逝去，能用钱来衡量吗？所以，必须尽快建立椿山大坝！

二阶俊博的发言掷地有声，他对饱受风灾水患困扰的民众的拳拳之心感染了许多人。在二阶俊博等人的努力下,1988年椿山大坝终于竣工。它是一座高54.5米、总蓄水量为4900万吨的重力式水坝,大坝工作时可以把水流量控制在每秒4500立方米以内,有效防止下游农田被淹,农耕季节可以为下游2245公顷农田提供灌溉水源。另外,大坝还装有最大输出为11400千瓦的发电机组,可为周边居民供电。而建造椿山大坝造成的溃地却缩减到只有2.7平方公里,共180户人为建造大坝让路。这是一项功在当代、利在千秋的大工程,是为千万家庭的生命财产保驾护航的"护身符",从此之后,和歌山县的人们终于不用担心再有突然而至的洪水了。

三、美化山川建家乡

大桥知事猝然离世,如何面对新形势,成了摆在"清新俱乐部"面前的紧迫问题。和歌山县议会是一个保守闭塞的圈子,旧势力盘踞已久,年轻议员无法充分发挥作用。而"清新俱乐部"成立的初衷就是为了打破这种怪象。

"我们不能一直沉浸在大桥知事去世的悲痛之中,应该掌握主导权,关注接下来的知事选举。"面对目前的局面,成员们不无担忧,"新知事大选必然要得到自民党的公认,这也是成为知事的关键因素。然而,如果任由自民党选择,又会出现任人唯亲的结果,对和歌山县不利。"

二阶俊博遇事机变,善于思考,他往往能够另辟蹊径,从容易被大家忽略的地方着手,寻找解决问题的方法。对于眼前的困境,他提议说,"如果不想让他们为所欲为,我们是不是可以加入自民党,从内部来牵制呢?"这以退为进的一招瞬时激起千层浪,经过激烈的讨论,"清新俱乐部"全体成员于当天加入了日本自民党。他们保留"清新"二字,从"清新俱乐部"集体转变为"清新自民党县议团"。

　　二阶俊博等人心目中理想的知事人选是副知事假谷志良。在"清新自民党县议团"的大力推荐下,假谷志良被自民党认定为知事候选人。11月23日,假谷志良顺利当选为和歌山县知事。从此,他开始了五届、长达20年的知事生涯。

　　看起来众望所归、水到渠成的当选,背后也经历过一次次的危机。当时的和歌山县议会中有自民党、社会党、公明党、民社党、共产党、"县民俱乐部"和"清新俱乐部"七大派。虽然当时自民党是日本的执政党,但是在和歌山县议会却只有46个议席,没有过半数。自民党吸收了"清新俱乐部"的10名议员后,才获得了议会过半数的实力。因此,二阶俊博等人在议长推荐和行政首长的推荐中有着很大的影响力。

　　加入自民党,不是为了"背靠大树好乘凉",而是希望"好风凭借力",发挥更大的作用。加入之后,二阶俊博等人首先对政治献金问题提出了自己的主张:"'清新自民党县议团'不应偏向于从特定企业谋求政治资金,应该从更广的范围内获得支持。"基于这种理念,"清新自民党县议团"议员陆续在各选区举办了"一万日元会费"的资金募集活动。

　　"我有嘉宾,鼓瑟吹笙"。开展募集需要嘉宾助阵,邀请谁来比较好呢? 二阶俊博想到了小泽一郎。小泽一郎在二阶俊博初次参选县议员时就曾来助选,如今他已经是建设省政务次官,具有一定的社会影响力。二阶俊博的请求,很快得到了小泽一郎的回应。搭好了戏台,架好了锣鼓,该选哪一出剧本呢? 选择合适的活动主旨是影响成败的关键因素之一。

　　二阶俊博在参选县议员时曾提出过"三爱活动",即爱体育、爱花、爱河川。"可不可以利用其中的一环来做文章。三者当中,爱河川最具有可行性。"二阶俊博决定,在日高川举行鱼类放生活动。活动当天,二阶俊博带小泽一郎到达放生地点时,已经有数百名小朋友等在那里,电视台也派记者来采访,场面非常热闹。小泽一郎不仅放生了鲤鱼幼苗，还在二阶俊博的出生地——御坊市岛善明寺桥旁种了一颗纪念树，募集活动圆满完成。如今，这颗代表着朋友对二阶俊博施政理念的信任和支持的纪念树已经长成参天大树。

在这次募集资金的活动中，"清新自民党县议团"还邀请了竹下登，一位充满了传奇色彩的政治人物。1971 年 7 月，竹下登以 47 岁的低龄，刷新了内阁官房长官这一职位的任职记录。1974 年，他又在田中角荣内阁担任官房长官。1976 年，竹下登出任三木武夫内阁的建设大臣。竹下登赶到活动现场，面对台下热情的听众，笑眯眯地说："由于时间有限，我只能做 1000 日元的演讲，之后就要回去了。"他的幽默，立刻赢得了在场人员的好感和掌声。

回到东京后，竹下登对二阶俊博给予了高度评价："他不出一两次就会来东京。"言外之意是，二阶俊博最多再参选一到两届县议员后，就能成为国会众议员，来东京上班。没过多久，竹下登就成为"竹下派"的领袖，开始从日本各地寻找有潜力的议员候选人，曾给他留下良好印象的二阶俊博进入了他的视线。多少年之后，回顾这一段往事，不得不说，作为政治家，竹下登拥有辨识千里马的慧眼。

一直在和歌山县"清新"还不够，有必要到外面的世界去看一看，为家乡带来世界各地的清新之风。作为"清新俱乐部"的干事长，1977 年 9 月 7 日到 19 日，二阶俊博协同门三佐博等"清新俱乐部"成员一道，视察了荷兰、意大利、法国、西德、英国等欧洲国家。

当时存在一种普遍的认识，如果不四次当选，是没有政治资本出国考察学习的。担任县议员一年的"新人"，很难得到去海外视察的机会，即便去，也不会是欧洲那么远的地方。而二阶俊博等人因为有了"一万日元活动"筹来的资金支持，所以才踏上前往欧洲视察的旅程。当然，这绝不是以权谋私的"公款旅游"。他们此次欧洲之行每个时间段都是公务安排，主要目的是体验欧洲的经济、福祉、教育、农业等。他山之石，可以攻玉，视察欧洲核电厂也是此行的一项重要任务，当时和歌山县也在筹划建设核电站。

"清新俱乐部"最初去的地方是离荷兰阿姆斯特丹机场约16公里一个叫"阿尔斯梅尔"的地方,这里有世界上最大的鲜花市场。一到当地,二阶俊博就被鲜花市场庞大的规模所震惊。视察前,二阶俊博刚好去过和歌山县的住友金属工厂,那时,工厂阔大的规模给他留下深刻印象。然而,鲜花市场的规模比住友金属工厂还要大几倍,这种对比强烈的视觉冲击给他带来巨大刺激。"如果能把鲜花产业作为一大产业该多好啊!因为单单是玫瑰花,一天就能卖出200万到300万株,不仅不冒烟,还能更大地带动和歌山县的就业和经济发展。"二阶俊博边走边看,若有所思。

阿尔斯梅尔鲜花市场是信息化的市场,全部都由电脑控制。每天,五个会场里约有超过2000家商户同时从事花卉交易。当听到该市场花和植物的年销售量超过10亿枝时,二阶俊博感到由衷的钦佩,不由得竖起了大拇指。

辞别绚丽多彩的鲜花市场,他们来到德国莱茵河支流内卡河河畔的海德堡,那是一个拥有古城与大学的美丽古都。晚上,视察团的成员们聚集在小宾馆的食堂里,宾馆周围非常静谧,幽静的生活氛围和典雅的文化气息让二阶俊博一行人陶醉其中:"如果我们没有事情,真想在这里待一周,静静地度过啊!"

吃完饭后,二阶俊博与考察团成员门三佐博、马头哲弥决定去海德堡的大街上逛一逛。穿过那些充满异域风情的街巷市集,他们惊喜地注意到,不论是荷兰还是德国,人们的房子前的庭院里都开满了各种鲜花。看着那些婀娜多姿的花朵,二阶俊博陷入了久久的沉思。这些看起来柔弱的鲜花具有神奇的魔力,它们可以让忙碌的人们沉静下来,让身处异乡的陌生人感到安心与亲近。在二阶俊博看来,这些花花草草都是一些很平常、很朴素的种类,然而,平凡无奇的事物带来不平凡的效果,能够用这些其貌不扬的花朵点缀城市,正是德国人朴素的道德观和生活智慧的反映。

考察团一路南行,在法国,街道被各种花植簇拥着,窗户边上也摆满了鲜花。二阶俊博再次受到启发，欧洲人的生活被鲜花包围，而日本人种花要么折断枝叶，要么种在围栏之中，非常保守，这与开放的欧洲大不相同。当考察团一行人来到伦敦的时候，二阶俊博内心的对比更加强烈。他决定，把欧洲的街景带回日本，带回和歌山县。

"回到和歌山县，我们也要呼吁县里展开种植小花小草运动，让我们的街道也变美丽，让人们忙碌的心沉静，让大家都想来和歌山县住一住、看一看，让我们的城市充满治愈效果。"二阶俊博为考察团成员勾勒出一幅美丽的画卷，大家都觉得他的提议很有建设性。"这场运动的名称就叫'爱花活动'吧!"成员们纷纷赞成。

二阶俊博是那种说干就干的人，回和歌山县后，他马上请求"清新俱乐部"成员每人捐了5万日元作为启动资金。凑齐了50万日元后，他又向县厅申请了50万日元资助。在县议会上，二阶俊博倡议开展了声势浩大的"爱花县民大集结"运动。项目不久就落到实处，一蓬蓬一簇簇生机勃勃的鲜花和绿植，让和歌山县增添了欧洲小城的浪漫情调，让土生土长的县民们有种眼前一亮的新鲜感。

1979 年 4 月，二阶俊博再次当选和歌山县议员

　　1979 年 4 月，二阶俊博在县议会选举中毫无悬念地再次当选。选民的高度支持，充分证明了他非常"接地气"，在民众中拥有很高的威望。一棵参天大树，既要牢牢扎根大地，也要努力向上生长。与他共事多年的门三佐博曾回忆说，二阶俊博是那种上能顶天下能着地的人物，天生就是从政的料。二阶俊博担任县议会议员期间，非常重视人脉的培养，在交际方面非常厉害。他的脑子里充满了智慧，很善于与来和歌山县出差的官员们打交道，并与他们建立起了强有力的联系。沐浴着和歌山的阳光雨露，经历了伊豆半岛的风霜考验，二阶俊博的形象已经牢固地树立在这一片土地上。

四、力推基建富民生

　　要想富，先修路。这种规律在哪个国家、哪个地区都适用。二阶俊博在大力推进椿山大坝建设的同时，将"纪南高速公路"的建设当成了同等重要的大事。

　　纪伊半岛是本州最大的半岛，位于京阪神与中京两大都市圈之间，远离日本的核心地区，信息不畅，缺少商机，发展相对滞后。所谓"通商"，只有联通之后才会带来商机。要打破这种穷困落后的局面，大力推动经济发展，让半岛焕发出新的活力，交通就成了迫切需要解决的问题。

　　当时和歌山县只有海南市到汤浅町一小段高速公路。因为没有高速公路，家住纪南地区的县民们生活非常不便，经济发展也受到了严重制约。为了让人们出行更为便利，同时促进半岛内外商贸交流，二阶俊博计划让高速公路延伸到御坊，进而形成环绕纪伊半岛一周的高速公路网。

　　和歌山县的大动脉国道 26 号线与 42 号线，由于车流量大、年久失修，已经产生很多隐患。因此，建设新高速公路的问题已经迫在眉睫。而二阶俊博在视察欧洲时也发现，同样是在二战后一穷二白的基础上实现经济高速发展的国家，德国已经实现了高速公路网的全面建设，并且车辆在高速公路上行驶是完全免费的。显然，在这方面，日本已经严重落后于德国。

由于拥有参与东名高速公路建设的经验，二阶俊博提议组成了"高速公路纪南延长促进议员联盟"，并亲自担任事务局局长。这是一个为建设高速公路的跨党派议员联盟，聚合了各方力量。二阶俊博清楚地知道，这条高速公路在建设过程中会遭遇重重困难，可能需要花费十几年的时间才能建成，不会立竿见影在短时间内显露出成绩，可是这些为民众造福的基础性工作是必须有人干的。政治家的责任感在推动着二阶俊博，他努力争取县民的支持，在县议会上大力推进，并做建设省与国会的工作。

二阶俊博推动的促进纪南高速公路县民大会

作为原建设大臣远藤三郎的秘书，二阶俊博在建设省有着非常广泛的人脉。因此，他经常去东京请求建设省实际掌管各项具体业务的课长们推动该高速公路的建设。二阶俊博雄心勃勃的计划，引起了建设省想干一番事业的年轻官员的强烈共鸣。此后成为日本道路公团总裁的铃木道雄、成为首都高速道路公团理事长的三谷浩、成为关西国际空港株式会社常务的山本翥，以及成为国土交通省事务次官的谷口博昭等人一拍即合，他们决定共同解决这件困难重重的事情，竭尽全力给予二阶俊博最大的支持。

在大家的协同努力下，纪南高速公路的建设一步一步推进。二阶俊博最初在县议会推进该项目时，很多人持反对态度，大家觉得他的想法太不现实："前面那么多年都没人干成的事情，凭什么你一个毛头小伙能干成？"就是和歌山县出身的国会议员们，对这个项目也没有太大兴趣。好在苍天不负有心人，"愚公力，王屋移"，二阶俊博等人持续的付出终于得到了回报。经过数十年的不懈努力，1997 年3 月 30 日，汤浅御坊路段高速公路正式开通，二阶俊博的高速公路蓝图成为了现实。

除了建设高速公路外，二阶俊博还想促进日高港湾的建设。御坊市和日高郡都处于纪伊水道途径的区域，但是两地却没有一个像样的港口。二阶俊博认为，要想进一步促进区域经济的发展，和歌山县有必要在日高建设港口。日高地区的民众也对新港口的建设充满了期待。

作为交通运输基础设施建设项目，与"纪南高速"一样，"日高港湾"的建设同样不是小事情。在没有争取到渔业补贴的情况下，为了不打断渔民们的正常生活，该项目一直没有任何进展。为了建设这个港口，二阶俊博开始频繁地跑到运输省，做港湾局长的工作，要求立项建设。一次次登门拜访，一次次推广项目，把好话说尽，把门槛踏平，为了推进日高港口建设项目，二阶俊博跟好几任港湾局长都成了"老熟人"。

1981 年，政府终于开始了港口的施工调查工作。在日本政府的规划中，未来该港口会分担大阪湾内的部分功能，而和歌山县也将此港口作为长期综合设施构想的一部分来建设。该港口可以停泊 5 万吨的大型船舶,南侧主要停靠木材、水产加工等行业的小型轮船,北侧则停靠大型船舶。货物吞吐量为每年 470 万吨,其中 250 万吨是关西电力御坊火电厂所使用的中重油、木材和建设材料,也就是说用于公共事业的货物。1983 年 10 月,该港口作为重要港湾,被指定为纪中地区振兴据点。和歌山县的公路和海岸,以及生活在这片土地上的人民,都见证了二阶俊博为家乡做出的每一分努力。

在日本政界,没有连选连任就属于"玩票",是不能真正谈政治的。因为二阶俊博不遗余力为当地百姓谋福利,他顺利在和歌山县实现连选连任,成了当地"老资格"的年轻议员,也为进军国会铺平了道路。

担任县议员的二阶俊博在认真工作

"议员最重要的责任是什么?不是天天围绕一些所谓的政策,在议会里唾沫四飞展现自己的辩才,是干事!竞选时这样那样承诺得再好,最后也要落实到实实在在的行动上,落实到实实在在的成果中。当县议员就要为县里做事，做国会议员就要为国家做事，这才是理所当然的。国民不是傻瓜，你用空话假话骗得了他们一次，骗不了他们第二次。这是从政的人最应该牢记的道理。"二阶俊博神情严肃地看着笔者，用非常郑重的口吻说出了这番话。

第九章

敢为天下先的运输大臣

　　在人生这一场不停歇的攀登中,"更上一层楼"始终是一个无法绕开的话题。是风动,是幡动,全看观者心境。在政客眼里,获取更高的位置就意味着掌握更多权力,得到更多的利益;而在政治家看来,有了更高的位置能调动更多资源,施展更大的政治抱负,为民众办更多事情,实现更高的人生价值。

　　1980 年,一次难忘的经历,让作为县议员的二阶俊博尝到了人微言轻、束手无策的滋味。处处掣肘的无奈这让他下定决心走向更高的政治舞台,为实现父老乡亲的更多期待而向高处前行。

一、为民申愿再进京

　　其实,早在 1978 年,二阶俊博就有一次参选众议员的好机会。当年 11 月,长期掌控政权的日本自民党出现了一次"大内乱",福田赳夫与大平正芳围绕总裁之位的争夺进入白热化阶段。显而易见，谁拿到这个总裁之位，就意味着登上首相的宝座，这种尊荣对于任何政治家来说都是一个"终极目标"。俩人各领一队人马展开激烈的角逐，这场总裁之夺引发了自民党议员的选边站队，很多法案都因"内斗"在国会流产，众议院面临解散，自民党内耗严重，党内各派阀也纷纷趁势招兵买马。没想到，神仙打架，波及凡人。一天，毫无心理准备的二阶俊博接到了一个重要的电话。那是二阶俊博年轻时的榜样、田中角荣的"星期四俱乐部"会长江崎真澄打来的："小伙子，机会来了，参选众议员，成为我们的一员吧！"

听着电话那头满是期待的声音，向来做事认真扎实的二阶俊博犹豫了。"我县议员才做了三年多，县里的好多事情还没有完成，不能虎头蛇尾啊。"牵挂着乡民的利益，放不下手头的工作，二阶俊博婉拒了江崎真澄的热情邀约。

基层工作细碎而繁复，在早出晚归的奔波忙碌中，转眼两年时间过去了，二阶俊博在十里八乡拥有极高的人气，父老乡亲们有事没事都喜欢到他家坐坐。一天，二阶俊博家里像往常一样，又迎来了一群远道而来的客人。二阶俊博一眼就认出，到访者是日高郡印南町最有名望的村民代表。谈话间，村民代表们提出争取将御坊十津川公路升级为国道的事情，想获得二阶俊博的支持。可是，十津川属于奈良县，不归属于二阶俊博的选区，他实在有点有心无力。

谈话刚结束，村民代表们马上就要告辞离开。"这么急匆匆的，你们接下来要去哪啊？"二阶俊博问。"我们要马上赶到新潟县，去田中角荣先生的选举事务所。""那么远啊，你们是认识田中角荣先生吧？""我们哪里认识啊。只是听说田中先生特别愿意为民众办事，而且有能力，去碰碰运气。哎呀，就快来不及了，我们要去赶火车！"

二阶俊博非常体谅大伙的心情，他二话不说，开车将他们送到了火车站。送走村民代表，回来的路上，力所不逮的遗憾像一团阴霾压在心头。"大家走了那么远的路来到我这里,他们那么期待我却无能为力,他们又要花更多金钱与时间去求助田中先生,那都是村民们辛苦积攒的血汗钱啊。如果我们这里也有一位国会议员,在永田町直接为他们说话,那该多好!"有了想法,就去让它变成现实。就在那一刻,二阶俊博下定决心,参选众议员。

"渡江巧逢老艄公,口渴遇着清泉水",说来也巧,送走村民代表之后没过几天,二阶俊博就接到了江崎真澄打来的电话,再次邀请他参选众议员。二阶俊博此时的心情比两年前复杂了许多,印南町村民匆忙离去的背影还映在眼前,他马上答应下来。当他带着庞大的后援团抵达位于东京的江崎真澄的事务所时,后援团挤挤挨挨站了一大片,把这里的"田中派"骨干吓了一跳。"二阶君,真有你的。居然选区的所有村长都来了,我做了十多次议员都做不到你这一点,佩服佩服!"田中派大将爱野兴一郎哈哈大笑。

都说众人拾柴火焰高,有超高人气的"种子选手"当然是重点培养对象。二阶俊博很快成为了田中派支持的国会议员参选人,开始筹备竞选活动。二阶俊博依然清楚地记得自己第一次以参选人的身份前往田中角荣的事务所拜见他的情景。

寒暄过后,田中角荣细细打量了二阶俊博一阵,突然用轻快的语调说:"别说你担任过我们派别远藤三郎的秘书,单是从面相上看,就肯定能当选!"一开口,前首相就寄予一个县议员这样的鼓励,二阶俊博非常诧异:"您看一眼面相,就知道我能当选?"

田中角荣挥了挥手中的折扇,看着一脸惊讶的二阶俊博微笑着说:"想知道我为什么敢说这个话吗。因为我在老家是看马长大的。从小我就仔细观察马,非常有准头。一眼就能看出哪匹马是只能拉车干活,哪匹马是可以到中央赛马场参赛的。中国有句古话叫伯乐相马,我应该可以称得上伯乐。你就是那种可以到中央竞马场参赛的赛马。哈哈哈……"这次愉快的拜访让二阶俊博对田中角荣好感倍增,在有"竞选之神"之称的田中角荣麾下工作,二阶俊博充满了信心。

"授人以鱼不如授人以渔"。田中角荣相中了这匹"千里马",还要对他细心引导。1983年11月28日,刚刚上台的日本首相中曾根康弘宣布解散众议院,并且将于12月18日进行投票总选举。一直在家乡做着各种准备工作的二阶俊博,很快接到了田中角荣的通知:"到东京来一趟,谈谈选举的事情。"

二阶俊博马上赶到了东京田中角荣宅邸,话不多说,两人随即对参选的相关事宜进行细致的商讨。当了解到二阶俊博的选区有33个市、町、村时,田中角荣抛出一个问题,要考考他:"把你的33个市町村的情况,一一给我说说。"要是换成别人,能把33个市町村的名字不说错就已经很难得了。可是二阶俊博不愧是田中角荣相中的"千里马"。他稳稳地接住突如其来的考题,胸有成竹地将这些行政区划各自的优缺点和发展现状一一道来,田中角荣一边点头一边帮他逐个分析形势,给出竞选策略。曾经执掌一国政局的大人物对于一个新人做出如此耐心细致的讲解,这让二阶俊博又吃惊又感动。"中国有句成语叫一鼓作气。如果失败了,又得再等好多年。你会疲惫、选民会疲惫,我也不知道到时候还能不能给出你建议。所以,即使遇到天大的困难,我们也要有天大的勇气与冲劲,一定要力争当选。我就是拼了老命,也要帮助你进入国会。"田中角荣的话铿锵有力,一字一句敲进二阶俊博的心里,他非常清楚,当时,田中角荣陷入了"洛克希德案",在自己官司缠身、身体每况愈下的情况下,却置个人安危荣辱于不顾倾其全力给予一个后辈至关重要的帮助。时至今日,每每思及与田中角荣的这一段过往,二阶俊博都会潸然落泪。

田中角荣让众议员江崎真澄、羽田孜、村冈兼造、厚生大臣林义郎、建设大臣内海英男等田中派干将悉数出动,前往二阶俊博的选区为其助选拉票。作为一个年轻的县议员,群星闪烁的"豪华助选团"让人感觉到了狮子博兔一击即中的气势。

投票结果没有太大的悬念,二阶俊博初次参选就大幅领先对手而获胜,重新回到东京政治圈。只不过这一次,他的身份不是秘书,而是众议员。当初,谢绝了恩师远藤三郎哥哥远藤佐市郎的好意,二阶俊博选择回到家乡去,回到基层去,依靠自己的力量,获得大家的认可,他真的做到了。

当选后,二阶俊博做的第一件事就是到田中角荣家中道谢。一见面,田中角荣就高声说道:"当选了,当选了,太好了,祝贺你,二阶君!"欣喜的神情溢于言表,就与自己当选一样。

"田中先生就是这样一个人,他做什么都会拼尽全力,从不轻言放弃。他总是把后辈的事当成自己的事,全心全意付出。这就是他能成为伟大政治家的人格魅力之所在。"33年后,当二阶俊博回忆起这段经历,依然无限感慨。通过摄影机的镜头,清楚地看到他的眼角闪着泪光。

二、运输入阁众望归

1999年9月21日,日本的自民党总裁战再次打响。现任总裁小渊惠三在自民党内聚拢了很高的人气,最终拿到了近七成的选票,成功连任。自民党是日本政坛第一大党,"连庄"意味着小渊惠三将继续担任日本首相。

虽然成功连任,但是摆在小渊惠三面前的问题却如同水缸里漂满了的葫芦,按下这个又浮起来那个,怎么也摆不平。与其拆东墙补西墙疲于应付各种问题,不如干脆推倒了重建。为了打开局面,小渊惠三开始对自民党与内阁进行大改造。而在海部俊树内阁中担任运输省政务次官的二阶俊博,因为成功运作小笠原机场建设、组织阪神大地震救灾等工作积累了丰富经验,声望很高,成了入阁的大热门。

有关内阁的人事讨论最受人关注,即使这些安排尚属"机密"。很快,二阶俊博要入阁的消息就在社会上传开来。贺喜的话,质疑的

▲衆議院予算委員会における阪神地震の集中審議
（1月26日）

阪神大震災に関する衆議院本会議での質疑(1月20日)▶

「明日の内閣」の閣議

二阶俊博在众议院介绍阪神大地震救灾情况

话,二阶俊博听了不少,然而,他却显得异常平静。

9月27日,自由党党首小泽一郎在与好友二阶俊博会面时对他说:"要是小渊先生邀请二阶先生入阁,你一定要好好应对。"从小泽一郎口中传递出的信息,足以说明入阁一事已是十拿九稳。这时,媒体上关于"二阶先生即将担任运输大臣"的报道已经出现。日本影响力最大的电视媒体NHK电视台还特意制作了"谁将首次入阁"的电视节目。二阶俊博虽然受邀参加了节目的录制,但是他在现场的发言非常谨慎,并没有谈及自己将来的抱负,对于节目组的安排,他只做了低调的回应。

事后,有人给二阶俊博打电话问:"别的阁僚候选人都在笑眯眯谈论自己的政治抱负,为何二阶先生却闭口不谈?"二阶俊博用他一贯谦谨的态度回答说:"人事这个东西,不到最后一刻是很难见分晓的。事情没有落实之前就高谈阔论,不是我的作风。"

10月4日,"小渊派"会长绵贯民辅在明治纪念馆举办"国会议员生活三十周年集会",二阶俊博也参加了。集会结束后,他从明治纪念馆正门走向停车场,经过一片绿油油的草坪时,手机突然"嗡嗡"地振动起来。给他打电话的不是别人,正是即将担任下任官房长官的青木干雄。"小渊首相将在明天进行内阁改造。他想让您担任运输大臣兼北海道开发厅长官。而政务次官则由自民党议员担任,这一点还请您知晓。"曾经甚嚣尘上的传言此刻经由正式的渠道落地为实,二阶俊博明白,小渊惠三要让他入阁!回想起小泽一郎的嘱托,二阶俊博接受了委任,他愿意尽自己的一份力。

确认了二阶俊博的态度,青木干雄继续说:"此次组阁,阁僚都是精通各省厅政策的人选。明天上午9点前,请您提交一份入阁后的计划书,交给下任官房副长官额贺先生。"

二阶俊博曾经担任过前运输大臣远藤三郎的秘书,对运输行政十分精通,是日本政坛上一等一的"运输族"。他在海部俊树内阁、细川护熙内阁里担任运输政务次官,还担任过自民党交通部会长,到了自由党时期,他在担任"国对委员长"的同时还兼任交通部会长。毫不夸张地说,这个运输大臣的职位,就是为他准备的。

为了赶在第二天9点前交上计划书,回到赤坂的议员宿舍后,二阶俊博来不及缓口气就开始伏案疾书。他了解日本交通的历史,他忧虑日本交通的现状,他关心日本交通的未来,他有太多的构想!手中的这份计划书对于将来提出法案,争取预算非常重要,绝不能写一些不痛不痒的套话,写就要写平时不能说的话。

二阶俊博首先想到了"交通安全宣言"。他注意到,虽然日本人在生活中把"遵守交通安全"视作如水和空气一般的必要条件,不过也有很多人习以为常后,往往忽略了这些必要条件的重要性,久而久之就产生了侥幸心理。不管经济发展到何种程度,如果缺少了人的生命与健康作为前提条件,就是毫无意义的空中楼阁。既然是运输省,那么就应当以保障民众生命安全为第一要务,在交通安全问题上必须警钟长鸣。

另一方面,运输省是政府里的一个大省,职员超过37000人。在运输省注册的相关公司加上个人出租车,共有20多万家,涉及的工作人员数量超过350万人。一说起运输省管辖的部门,日本人马上会想到飞机和新干线。当然,这些大型项目处于支柱地位,对于国家来说非常重要。然而,从和歌山县走出来的二阶俊博,却将更多的关注投射到中小企业身上。他认为,只有让运输交通从业人员相互协助,才能彻底实现日本的交通安全。他在报告中提到了公共汽车、出租车运营规则的问题、海上保安厅、气象厅设备更新等问题,都是着眼于很细小的方面,从细枝末节处入手,追本溯源串联出更高层面的问题。

大的方面,二阶俊博则考虑到了整合现有资源,打破部门之间的壁垒,最大限度地释放各部门的能量,组成一个"大交通"体系。为此,二阶俊博提议,应该以一个由运输省、建设省、国土厅、北海道开发厅统合形成的"国土交通省"为前提,进行各种提案。这种战略性眼光,预见性的勾画出未来的发展模式,此后成为了现实。2001 年 1 月 6 日,这些部门统合在一起,组成了日本的"国土交通省"。

二阶俊博把自己对于日本交通运输发展的认识、规划、展望、忧虑……所有能想到的东西,一一写进报告书,不知不觉间,时针就指向了凌晨一点。从上午忙到现在,饭都没有吃,人前无限风光的政治家,却在公众目光看不到的地方,如此艰辛的工作,个中滋味谁人明了。好在二阶俊博早就已经习惯了这种节奏。

10 月 5 日一大早,二阶俊博匆忙赶到首相官邸。同时抵达的还有运输总括政务次官中马弘毅、政务次官铃木政二、北海道开发厅总括政务次官米田建三,这些人都是二阶俊博今后的得力助手。经过短暂交谈后,一行人来到了首相办公室。小渊惠三首先鼓励他们为新内阁加油、奋斗,然后对二阶俊博说:"你付出了很多,拜托了,二阶君。"二阶俊博这些年来取得的成绩,大家有目共睹,小渊惠三很清楚,如果没有二阶俊博,内阁是很难成立并有所建树的。

二阶俊博任运输大臣的小渊第二次内阁成员

之后,二阶俊博与三位新部下一起会见了记者。他在共同记者会上开诚布公的做了自我介绍:"我是刚刚被任命为运输大臣及北海道开发厅长官的二阶俊博。首先,我将对运输行政发表一下自己的看法。运输行政的范围很广,而我们应当特别留意的是安全。在接下来的日子里,我们将更加重视交通安全。同时,日本将进入高龄化社会,迎接国际化浪潮。在这个过程中,如何发挥运输行政的作用,也是我们必须考虑的重大课题。"早已对日本交通发展现状了如指掌的二阶俊博随口就举出了好几个具体的例子,首先谈到的是"JR问题"。他说,为了将"旧国铁"转变为"民营化"铁路,相关人士付出了很大的努力,我们给予高度评价。但是,这只是万里长征的第一步,我们将继续在国会中努力,让铁路焕发出更大的活力。

提到公共汽车和出租车的问题,二阶俊博表示,这是关系到国民出行便利的重要问题,同时也关系到周边地区开发,应该认真倾听国民的心声,急民所急,想民所想,努力应对,落到实处。

在国际机场问题上,他指出,机场是日本的门面,在国际化的过程中具有十分重要的作用。成田机场、关西国际机场、中部国际机场等都要努力发挥各自的作用,而这也需要当地政府和民众的配合,让民众意识到发展机场给自己的生活带来的改变,充分发挥他们的积极性。只有这样才能让外国宾客们感受到日本人的热情好客,让他们爱上日本,愿意到日本来。

新干线是日本二战后复兴的重要标志,二阶俊博非常关注新干线的建设。他表示,从国土均衡发展的角度上讲,应当大力发展新干线,运输省必须积极应对出现的各种问题。

另外,运输省还有很多涉及各个领域的研究、开发计划,"Techno super liner"就是其中很典型的一例,"Techno super liner"被称为"大海中的新干线"。当时,高速运输船正在紧张研制当中,计划在不久的将来问世。二阶俊博非常感谢这些夜以继日工作着的科研人员,多次表示出对他们辛勤付出的肯定:"正因为有他们的努力,才促成了技术的革命性变革。运输省将继续全力推进这些科研的进程。"二阶俊博侃侃而谈,坦诚的与记者们交流自己对于日本交通发展的看法,记者会气氛热烈,掌声不断。

促进观光也是运输省工作的重要内容,提到观光问题时,二阶俊博对记者们表示:"现在日本每年向海外输送的旅客人数有 1600 万人,但很遗憾的是,每年到日本的游客却只有 400 万人,两者相差了 1200 万人。这种严重的不平衡,说明日本在旅游观光上认识不足,努力不够,存在很大问题,与国际先进水平差了好几个档次。旅游观光是什么?是不冒烟的绿色产业,是国家形象的宣传牌,是世界发展的大趋势!观光产业不是什么可有可无的附属产业,未来会成为国家的主导产业。我们将以发展观光业作为重要工作,努力缩小与国际水平的差距,不仅吸引海外游客到日本观光,也要活跃日本国内旅游市场。"在那个"制造业强国"观念流行的时代,记者们听到这番论断,感觉到惊讶和不可思议。可是,二阶俊博的判断在此后的十几年中被一再的印证,他提出的这些观点成为日本"观光立国"的雏形,他也因此被人们称为日本的"观光立国之父"。

三、突发事件显担当

1999 年 10 月 11 日,担任运输大臣仅仅六天的二阶俊博就遇到了一桩大事件。山阳新干线北九州隧道内一块重达 226 公斤的水泥块突然脱落,受此影响相关线路的新干线全部停运。事故造成了约 62000 人出行受阻,严重影响了市民的生产生活。

人们将愤怒的矛头指向该段隧道的施工方"JR 西日本"公司,认为该公司在施工过程中偷工减料才导致事故的出现。

"JR 西日本"在第一时间成立调查组,对使用水泥的材料进行了分析,询问了当时的具体施工者。结果显示,施工中使用的水泥的确

时任运输大臣的二阶俊博在北九州隧道崩塌事故现场

存在问题。此外,事故现场还发现了渗水现象。

次日,二阶俊博参加完阁僚会议后立即召开了记者会。会上,他对"JR西日本"提出了严厉的批判,并要求该公司进行深刻反省。当天下午,他又紧急召见"JR西日本"社长南谷昌二,要求他当面对事故做出进一步说明。同一天,运输省还设立了"运输安全战略会议",旨在防止因人为过失造成的不必要事故,保证陆、海、空交通安全。诚然,造成此次事故的责任主体是负责施工工作的"JR西日本",但作为监督者,运输省也应承担相应的监督责任。虽然上任才几天,可新任运输大臣二阶俊博,丝毫没有推卸责任的意思,他一方面敦促有关各方深入开展事故的调查工作,还原事故原因,尽快给全体市民一个交代;另一方面着手于在全国范围内进行安全生产事故的排查工作,力求防患于未然,避免事故的再次发生。随后,他就派出运输局职员配合JR各公司开展检查作业,并争取在年内发布一份保证隧道交通安全的"军令状"。山阳新干线一共有142条隧道,他要求工作人员要在一年内全部检查完成。大家不禁心里打鼓："这怎么可能。"在国民的人身财产安全面前，二阶俊博用斩钉截铁的态度回绝了工作人员的质疑："如果你们不可能，我就换有可能的人来干！"

把国民的出行安全摆在首要位置，二阶俊博不仅这样要求身边的工作人员，他本人更是用实际行动为大家作出榜样。10月23日，二阶俊博陪同小渊惠三首相访问韩国济州岛，出席了日韩定期阁僚恳谈会。次日，他们乘政府专机返回羽田机场。在机场的宾馆内休息了不到30分钟，二阶俊博又匆匆忙忙换上了前往福冈的飞机。25日凌晨，手表上的日历盘刚刚转到新的一格，二阶俊博就在"JR西日本"社长南谷昌二的陪同下出现在事故现场。他不顾身边工作人员的劝阻，拿出随身携带的手电筒，亲自走到水泥脱落处查看具体情况。为了进一步确认隧道安全，他还亲身乘坐早上3点40分出发的"确认列车"为所有乘客"开路"。二阶俊博这种身先士卒、亲自上阵的实干精神，让在场所有的工作人员动容。

通过这次检查，二阶俊博在深入事故第一线的过程中发现，人工检查需要花费的时间太多了，研究出效率更高的检查机器来替代人工是非常有必要的。于是，在他的推动下，运输省迅速拨款5.5亿日元，作为当年的追加设备研发预算。

有这样一位务实强干的领头人，谁也不敢放慢脚步。经过运输省与各公司的努力，当年的12月16日，"JR西日本"山阳新干线142条隧道的安全检查工作全部完成。这条线路的隧道总长为280公里，相当于从东京到滨松的距离，检查过程中的艰辛可想而知。从10月25日开始的大检查，历时52天，共投入了69000人，花费约50亿日元，这是一笔不小的支出。可是，与民众的生命安全比起来，金钱没那么重要。"以人为本"，二阶俊博还是那个观点。

12月16日下午，运输省召集专家学者举办了"隧道安全问题检讨会"，运输省内部也召开"运输安全战略会议"，专家学者们对检查的结果进行了仔细验证。经过反复的讨论,运输省得出了可以保证国民安全的结论。此外,"JR西日本"社长南谷昌二也发表声明,要以此次事故为契机,尽最大努力维护新干线运行安全。上任伊始落下的一块大石头终于被"铲除",二阶俊博采取的一系列应对措施和处理方法也让大家对这位新任运输大臣交口称赞。

一波刚平一波再起。第二年的3月8日,一个很平常的工作日的早上,又出事了。东京的"日比谷线"地铁突然发生脱轨事故。事故中,一列地铁在通过中目黑站附近一个道岔时突然出轨,随即撞向另一列正常行驶中的列车。此次事故共造成5人死亡,64人受伤。接连发生的轨道交通事故让市民对于出行安全问题产生质疑。

3月30日,痛感于铁路事故多发的二阶俊博,急令铁道局长召集全日本铁路事业者开会商讨应对措施。二阶俊博在会上严厉地说:"日本铁路的安全神话正在崩溃,我们都是罪人!"事故多发大部分是由于人为原因,二阶俊博非常理解公共交通机关的从业人员,他们是人不是神,任何人都无法保证完全零事故的工作,但是应该让他们知道,既然乘客把生命托付于自己,这个责任就重于泰山,应该带着高度紧张感与荣耀感,竭尽所能的完成这份工作。

在二阶俊博的要求下,各大交通公司陆续举行"宣誓仪式",工作人员们集合在一起,宣誓绝不让同类事故再次发生,庄严的仪式让一种强烈的使命感油然而生。这种仪式对于很多日本人来说,意味着郑重的承诺,如果无法兑现,不用他人多说也会羞愧难当,有的人甚至会选择自杀谢罪。

四、蓝天大海任翱翔

提起成田机场,很多到过日本的中国游客都对它印象深刻。那里是他们抵达日本的第一站,窗明几净、井井有条的机场,让日本的

"清爽"一下就定格在脑海里。而这个令人一见钟情的"第一印象",背后却倾注了很多日本政治家持续不断的付出与努力。

1999 年 11 月 19 日,作为运输大臣的二阶俊博首次视察了成田机场。成田机场位于千叶县成田市,它与东京市中心相距约 60 公里,是日本最大的国际机场。自从 1978 年启用后,日本来往世界各地的国际航班主要在此起降,而距离东京市中心距离更近的羽田机场在当时则主要负担国内航线的进出。

随着经济的快速发展,成田机场的设施已经很难满足越来越多的航班起降,扩建迫在眉睫。可是,机场的扩建牵扯到方方面面的关系,不能推土机一开,轰轰隆隆蛮干,事先联络各方达成共识非常重要。在这方面,日本曾经有过血的教训。对于那场悲剧,二阶俊博深感痛心。这一次,二阶俊博绝对不想看到悲剧再次上演。因此,二阶俊博到机场后做的第一件事,就是与"新东京国际机场公团"总裁中村徹一起,乘公共汽车去了因 1971 年征地事件死亡的三名警察的慰灵碑前献花。后来在记者会上,二阶俊博对公众郑重承诺,虽然现在具体工期还没定,但是运输省在推进机场跑道的建设进程中,会尽全力与反对派达成共识。

祭奠结束后,二阶俊博在机场附近的宾馆里与周边市町村代表举行"恳谈会"。代表们要求运输省采取对策减少噪音,并提出了振兴地方经济的构想。悉心听取了他们的意见后,二阶俊博觉得有些地方了解得还不深入,如果不能事先找到问题点,就意味着后面要付出很多倍努力来弥补疏漏。为此,运输部又协同各方做了许多调查准备工作。

可是谁也没有想到,在具体的推进工作中,大大小小的问题层出不穷,费尽心力解决了一个,又遇到一个新问题,尤其是其中的一些经年累月形成的"顽疾",想要做到让事件各方都满意简直难如登天。"为什么我们非要纠结于翻越那些无法跨越的大山,换个思路不行吗。"与千叶县沼田知事的会谈中,二阶俊博再一次展示了他的善于解决棘手问题的能力,他另辟蹊径打破僵局,提出了将主要用于国内航线的羽田机场"国际化"。

二阶俊博注意到,羽田机场 24 小时运营,飞机的起降条件良好。如果可以让羽田机场用于国际航线,不仅可以进一步活跃经济,也能使住在东京周边的群众得益,让他们出行更方便。成田机场的新跑道要到 2002 年才能建成,而且新跑道仅仅有 2200 米,对于大飞机而言根本就没有办法使用。二阶俊博提出在羽田机场起降国际航线的设想,在提高羽田机场利用率的同时,也可以分担成田机场航班起降和运送旅客的压力。

然而,无法回避的问题是,成田机场一直承担国际航线,而且第二期工程也已经开始动工,如果将一批国际航线转移到羽田机场,无疑会损害千叶县的利益,此举也势必会引起千叶县各界的极力反对。此外,表示有意愿在成田机场降落的国家有五十多个,如果日本忽视这些要求,也会有损国家利益。

政治的艺术往往是妥协的艺术,以退为进或许可以得到更好的效果。二阶俊博明白,绝对不能无视千叶县的意见,孤立的推行羽田机场国际化,他必须通过大力推动成田机场扩建,来获得千叶县的理解,为此,他需要为千叶县做一些事情。

11 月 30 日上午,"新东京国际机场公团"总裁中村彻、运输省官员、千叶县干部一同来到成田机场唯一的"钉子户"堀越昭平家中,把二阶俊博的亲笔信交给了他。这封信与以往"要把国家利益放在首位"的口吻不同,完全是站在堀越昭平的角度思考问题,态度诚恳,情真意切。看完二阶俊博于百忙中亲笔写就的这一封言辞恳切的信,堀越昭平被他的诚意感动了,同意将自己的土地转让出去,协商解决。次日下午,堀越昭平来到千叶县厅,郑重地在土地转让书上签了字。当天晚上 6 点半,二阶俊博将跑道的认可书交到了中村总裁手中。就这样,数十年悬而未决的"成田机场土地征收案",被二阶俊博圆满地画上了句号。

为了进一步了解周边市町村民众的意见，12 月 20 日，二阶俊博与机场周边 17 个市町村代表，再次在东京举行了恳谈会。恳谈会上，他们的意见更细致了。降低噪音、防止高空坠物、整备道路、吸引投资、建设农村公园……意见所涉及的范围，远远超过了运输省的职权。"很多事情我做不了主，可是代表们把意见反映到我这里，我就不能踢皮球，再让他们去找其他省厅。""以人为本"是二阶俊博从政的根基，他以运输大臣的名义向各省大臣详细反映了当地民众的愿望，主动担当起传达民意的桥梁，得到了民众的高度评价。

修身齐家治国，由微至广，层层累进，一个连家乡都不爱的政治家，如何能想象他会爱国家。"我是家乡选出来的国会议员，为家乡做事从来都是理直气壮，不怕人非议。"

1999 年 11 月 17 日，二阶俊博在记者会上明确表示，将推进南纪白滨机场 2000 米跑道的延长计划。该计划将由日本政府与和歌山县联合出资 38 亿日元建设。

南纪白滨机场的跑道延长计划，最初在 1997 年"第七次机场整备五年计划"中提出。该计划的主要内容是从机场现有的 1800 米跑道向东南延长 200 米，于 1999 年 4 月破土动工，2001 年 4 月完成。延长跑道后，机场不仅可以起降 250 人到 300 人的中型客机，还可以起降来自香港或曼谷的远距离包机，这将大大拉动和歌山县的经济发展，推进当地的国际化建设进程。

延长跑道不仅是数字的增加，也需要很多中央政府的"批文"，比如土地和航空指示灯的使用许可等。二阶俊博对于和歌山县的家乡父老始终抱有一种深厚的感情，他对这个项目十分重视，觉得应当尽快回应当地民众的愿望。在二阶俊博的"保驾护航"下，这个计划顺利推进，一路绿灯，没有半点耽搁。

政坛风风雨雨让二阶俊博的作风变得老成沉稳，却没有磨灭他内心激荡的热情。对于新事物，他不仅好奇还敢于尝试。为首都圈第三个机场做准备的 1000 米长的"超大型浮体式海洋构造物"的概念一提出就引发了众多争议。当时,"超大型浮体式海洋构造物"正在神奈川县横须贺市的海上进行各种试验。其最终目的是建成长达4000米长的跑道,承担负责飞机起降的平台作用。很多人觉得这简直是异想天开,天方夜谭,二阶俊博则态度鲜明地表示支持。

在参议院预算委员会上,有议员质问二阶俊博:"'超大型浮体式海洋构造物'到底是干什么用的,你自己清楚吗?"

"'超大型浮体式海洋构造物'上可以建模范住宅,可以召开品评会,还可以在上面种植草坪和孕育植物。项目确实会有很多花费,但这是一个'海上大地'的梦想,一旦实现,将对人们的生活产生深远的影响。事实上,种植草坪的实验已经取得了成功。科研人员在'超大型浮体式海洋构造物'上种植农作物也取得了预想的效果。将来在上面开音乐会也是一个不错的选择。"对于大家对新事物的质疑,二阶俊博作出了详细的解释。

五、以人为本助民生

1997年12月,联合国气候变化框架公约参加国第三次会议制定的《京都议定书》,开启了世界各国合作治理全球变暖的大幕。而这份在京都签订的《京都议定书》,不能停留在纸上,要转化成实实在在的行动。

1999年12月14日,作为防止地球温室效应的一环,身为运输大臣的二阶俊博开始在日本大力推广节能减排的"绿色汽车"。他以身作则,出行都是乘坐"环保汽车","环保汽车"的好处也常常挂在嘴边,一有机会就做起了义务宣传员。二阶俊博还组织了一场名为"地球环境与汽车社会共存"的集会,共有21名国会议员、900多名各界人士参加,获得了民众的一致好评。除了举办活动,二阶俊博还在执政党内部展开活动,联系自民党和公明党的交通部会长,三人一道向议员们和日本国民宣传绿色环保理念。结果也非常可观。光说不练——假把式，推行环保就要给国民一些摸得着的实惠。2000年的税制改革中，日本已经开始着手制定对节能汽车的税率优惠政策。

　　除了环保这些大命题，日本的交通运输领域也面临着很多特殊的具体问题。如何在"小问题"上体现日本人性化的"大特色"，二阶俊博想到了老人与残障人士出行的便利化。2000年2月15日，小渊惠三内阁出台的首个法案便是二阶俊博提出的"促进高龄者、残障人士等利用公共交通设施法案"。该法案让更多老人和残障人士出行更便利，也让小渊惠三内阁"开门红"，获得各界一片叫好，至今依然是各国"交通人性化"的经典法案。

　　这个法案构思的灵感源于日本日益严重的老龄化程度，以及众多残障人士的出行需求。二阶俊博注意到他们在出行中遭遇到的困难，他认为，确保这些弱势群体参加社会活动的权利，是一种"交通公平"，而这正是运输省的责任。虽然此前也有很多人试图推进"无障碍社会"的建设，但是最后往往遗憾而终。究其根本原因，大多是受到了资金制约。巧妇难为无米之炊，二阶俊博推行"交通公平"的首要任务便是筹钱。他深入研究了那些失败的案例，发现以前推进该项目往往由一个部门出面，所需的资金也只能从一个部门的预算中支出。而事实上，如此巨大的项目，一个部门的预算只能是杯水车薪。要想推动项目真正实施，需要运输省、建设省、自治省、警察厅等多部门配合行动。发现问题就想办法解决问题，正是二阶俊博一向的务实作风，在他的努力推动下，四个省厅联合向国会提出了"交通无障碍法案"，获得充足资金，最终使项目成为了现实。"遇到问题时，我们容易局限在自己的范围内，看不到事情的全貌。要打破局限，就必须跳出原有的条条框框。"这是二阶俊博的经验之谈，也向人们展示了一位优秀政治家的开阔视野。

　　根据法案，铁路、地铁的车站内必须有电梯，公共汽车也应当使用底盘低的无障碍汽车,公共交通机关、车站前广场前的道路、信号灯必须能够让老年人或残障人群安全使用。

为了保证项目能持续运行,形成长效机制,二阶俊博认为,应该对推动无障碍设施化的交通从业人员给予财政上的补贴。当时日本约有6万辆公共汽车服役,在这些车更新换代时,就应当有意识地多用低底盘的无障碍汽车替代普通公共汽车。那么,问题来了。一辆普通公共汽车要花费约1500万日元,而技术要求更高的低底盘车比普通公共汽车贵1000万日元,要比原计划多支出2/3,这个巨大的成本差对普通公共汽车公司来说是难以承受的。

为此,二阶俊博四处奔走,推动日本政府制定了税制和融资方面的优惠措施,同时,政府还对推动无障碍设施建设的行业予以财政补贴。16年后的今天,当各国游客对日本随处可见的无障碍设施啧啧称奇时,二阶俊博当年对这一项目长效机制的判断与所采取的措施,让人不由得竖起大拇指。

"无障碍设施计划"还带来了意想不到的效果。随着满足无障碍需要的电梯不断普及,市场需求不断增加,引发了日本相关企业之间的竞争加剧,这些企业争先恐后研发电梯新技术,把欧美国家甩在身后。可能很多人想不到,现在世界随处可见的"放心日本电梯",当年竟是因为一个服务弱势群体的"无障碍设施项目"而走上飞跃发展之路的。设施是硬的、冷的,人心是柔的、热的,这项计划不仅需要政府、企业的参与,日本每个国民也是参与者。二阶俊博感慨地说:"如果没有每个国民的协助与参与,很难形成真正的无障碍社会。比如,要是在车站站台上看到眼睛不太好的乘客,人们应该上去扶一把。或者轻声地问'您需要帮忙吗?'这些很简单的举动不需要金钱上的补助,但它们却非常重要。因为只有对他人关爱,才能让社会充满爱。因为只有大家一起行动,才能实现无障碍社会。无障碍项目的实施还带来了国民素质的提升。"

四省厅联合推动的"无障碍法案",对于省厅重组也起到了极大的推动作用。2000 年 3 月 28 日,在东京都日比谷的日生国际大堂举办了一场别开生面的"无障碍论坛"。二阶俊博在发言中强调,"有人觉得日本中央政府各省厅之间一直是互相较劲的关系,但在此次无障碍行动中却体现出了各部门非常团结,可以集中力量办大事。这在省厅重组工作中非常有必要。今后,建设省与运输省将合为一体,组建国土交通省。而国土交通省的成立,也将进一步推动无障碍社会的建设过程。'无障碍行动'不仅是让人们出行没有障碍,还要让部门与部门之间没有障碍、人与人之间没有障碍,理解了这一层,才能真正理解无障碍行动的真谛!"

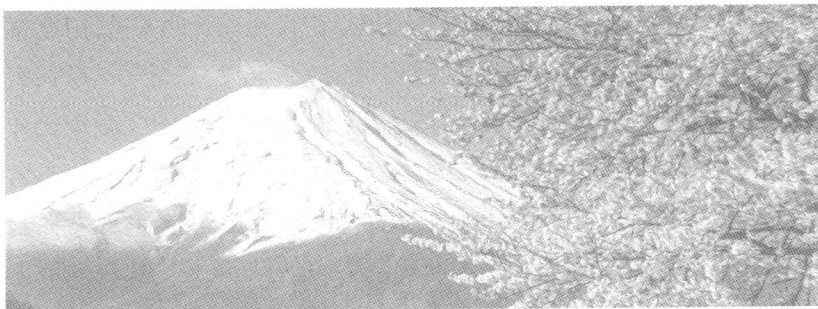

第十章

日本产业升级和金融改革的奠基人

铁打的天皇流水的首相,是日本政治的特色之一。一任接一任,首相粉墨出场,或满堂喝彩,或仓促下台。2001年4月,经历了内阁走马灯式轮换的日本政坛,终于迎来了一位政治强人小泉纯一郎。从执掌政权的那一刻起,小泉纯一郎就决定干一件"明治维新以来没人敢干的事"——实现邮政民营化。

一、邮政除弊显真章

说起来,日本的邮政系统是一个非常奇葩的存在。虽然日本早已进入现代社会,但是拥有30万正式员工的公营邮政系统还停留在"中世纪"。这个系统是世界上最大的金融机构,总资产为227万亿日元,相当于日本家庭储蓄总额的30%,超过4个最大私营竞争对手的总和。在日本全国近25000个分支机构中,其中大约80%是"特定邮局"。"特定邮局","特"在办公地点就设在局长的家里,国家每月向其支付房租,民众办事如同登门拜访"三宝殿";"定"在局长实行世袭制,子承父业,"万世一系"。就这样,大量固滞的金融资产和人力资源沉淀在这么一个系统里,发挥不了应有的效率,让日本不堪重负。可是,庞大的邮政系统拥有数十万员工及家属,这意味着他们手中数量可观的选票以及强大的资金实力,历来就是一块没人敢进入其中的"秘境"。别说对这个系统直接开刀,就是发表一点反对意见,都是冒着丢掉乌纱帽的风险。可是,如今,偏偏就出了小泉纯一郎这种"不要命"的人。

从小泉纯一郎当选为自民党总裁开始,自民党内部各种传言沸沸扬扬就没有停止过,大家普遍猜测总有一天他会把邮政民营化法案摆在国会的台面上。还没等他行动,党内的反对之声就已经如潮水一般涌来,代表邮政系统利益的议员们不惜以叛党相威胁。这种情况下,一般的领导人为了保住职位、维护党内团结,通常会用"声东击西"或是"顾左右而言他"的方法实行缓兵之计。但是,小泉根本不可能采用这些策略,他就是那种暴风骤雨一样的人。

推动邮政民营化,就意味着自民党的大分裂和重新选举,山雨欲来风满楼,小泉必须提前做好"平定叛乱"的准备。2004 年 9 月,他任命武部勤担任自民党干事长,并委托他寻找能在关键时刻力挽狂澜的干将,而这当中最为重要的人物就是掌控选举大局的自民党总务局长。

"总务局长这个关键位子应该交给谁?"小泉问武部。按理说,这个重要位子肯定要交给小泉自己派系内部的人。但是,任人唯贤不唯亲的武部脑海里却浮现出另一个人的面孔。"交给二阶怎么样。他能力强、主意多,兼容并包,能够摆平各方关系。"

"不错不错。但是他会答应吗,如果能答应就太好了。"

"我试着和他说说看。"

武部勤和二阶俊博交往多年。二阶俊博虽然出身于自民党的田中派,但是与党内其他派别甚至在野党的要人们交情深厚,拥有广泛的人脉,这些,武部勤都看在眼里。而在强干务实的二阶俊博看来,小泉是要干一件除弊兴邦、改天换日的大事,即使丢了官印也不能动摇小泉清除痼疾的决心,这件事利国利民,将来一定会被载入史册。二阶俊博佩服小泉的勇气,也欣赏他为国谋利的赤诚,很快就答应了下来。

就任总务局长后,二阶俊博接到的第一个任务就是指挥众议院福冈二区和宫城二区的替补选举。选举于 2005 年 4 月 24 日举行,自民党在福冈二区推选的山崎拓、在宫城二区推选的秋叶贤也双双顺利当选。二阶俊博把这个总指挥的工作完成得非常出色。

山崎拓在 2003 年 11 月举行的总选举中惨败过一次,不到两年时间就卷土重来,难度可想而知。在福冈二区的替补选举中,二阶俊博亲自挑选 1500 多名助选人员,并把所有重要信息发到每一个人的手机上,让他们随时根据形势变化调整选举策略,形成了强大的助选方阵。他还邀请自民党原干事长古贺诚,原厚生劳动大臣伊吹文明出山助选,大大增加了胜算。最后,山崎拓得票 96170 票,以 18000 票的超高优势击败了对手平田正源,打了一场漂亮的翻身仗。秋叶贤作为初出茅庐的新人,在宫城二区的替补选举中同样大获全胜,以 58023 票击败民主党候选人门间由纪子,顺利当选。选举之前,武部勤曾经设想过最坏的结果,如果两场选举都以失败告终,自己就要引咎辞职。是二阶俊博让武部勤长舒了一口气,他知道自己没有看错人!

小试牛刀就大获全胜,二阶俊博向小泉首相交出了自己的第一份满分试卷。5 月 19 日下午,武部接到小泉的传召,进入了首相官邸。小泉首相又抛给了武部一个问题:"邮政特别委员长的人选,你看谁合适?"此时外界对于到底小泉首相会任命谁做"邮政民营化众议院特别委员会"的委员长的传言早已甚嚣尘上。要知道,特别委员会将审议关于邮政民营化的系列法案,是邮政改革行动的核心组织，无论反对派还是赞成派、媒体或者民众，都在密切关注委员会人选名单。关于人选，小泉对首相执行室都未透露一言半语。

武部试探着问："委员长让二阶总务局长来担任，如何？""好！"武部勤没想到小泉会如此爽快的答复，看来首相非常看好二阶俊博的工作能力，早就把他当作理想的人选。

下午5时19分，二阶俊博应邀而至，当他敲开了首相执行室的房门，小泉就开门见山地对他说"你来做邮政民营化的众议院特别委员会委员长吧，一切都交给你了！"

二阶俊博一时语塞了。这完全超乎他的预料。略微停顿了一下，他态度谨慎地答复道："但我作为总务局长，得负责总选举这件重要的工作。"

"当然，总务局长的工作很重要。但是委员长只需占用你一个月时间，这期间你就身兼两职吧。"

是考验更是托付，二阶俊博不再迟疑，坚决地回答道："好！"

关于这次任命，民主党最高顾问渡部恒三曾经对周围的人作出这样的分析："可以说，这是小泉任命的所有人中最重要的一个。对于反对邮政民营化的党内派系及在野党来说，二阶俊博是一个十分难以下手的人……"

6月3日，"邮政民营化六法案"以众议院特别委员会为舞台，正式开始了审议。之前纷纷扬扬的传闻变成了现实，不仅自民党内的反对派表明了抗争到底的态度，在野党也打算趁乱掺上一脚，搅黄法案。

目睹此情此景，二阶俊博并没有急于反驳，他逐一分析道，"先要摆平党内的反对派，他们也不是没来由地反对，肯定有值得一听的意见。审议必须慎重再慎重。"

而此时，面对自民党内外的反对声音，小泉明确向委员会表示出"绝对不会考虑修正法案"的态度，再次激起千层浪，刚刚缓和的批判声音又一阵阵涌来。小泉纯一郎的强硬态度引起普遍争议，二阶俊博却比大家多看了一层。

"这是肯定的。提出法案的领导人如果不够自信、态度暧昧,法案的主题也就变成了'随时可以修正,欢迎指正'了,那还得了。首相表示'这就是最好的法案',如此自信的举动,才是作为法案提出者该有的。"

但是,站在议会的立场,肯定不会照单全收。如果寄希望于他们说着"总理您说得太对了",毫不犹豫就放行法案,未免把政治想得过于简单,政治不是你好我好玩过家家。在这种复杂的局面中,二阶俊博要扮演的不正是缓冲矛盾的中间人吗。"议会这边,得做好需要修正法案的准备。"二阶俊博对外如是表态。

闻风而动的各大报纸,马上刊登了"二阶委员长对邮政法案不置可否"的报道。任凭媒体如何发挥想象力大做文章,二阶俊博并没有对小泉作出任何辩解或说明,而小泉也做到了"用人不疑",正如最初任命时所说的"一切都交给你了"那样,直到审议结束的最后一刻,没有提出任何要求。千里马也需要遇到懂马惜马的人,让两人互相成就的,正是两人之间的信任与默契。

肩负巨大责任的二阶俊博沉着面对各方压力,展现出他过人的应变能力。审议最初,二阶俊博先与在野党的委员达成了约定,"尽可能公平公正地来吧"。多年众议院议员的参政经验告诉他,面对如此重要而复杂的法案,如果不重视在野党的意见,政治层面上根本就玩不转。二阶俊博给自己定了一个标准:"绝对不能硬碰硬。"他彻底践行了"充分听取在野党各位意见"的原则,同时,他也在心里划定一条底线,绝不让"国会乱斗"这样丢面子的事情发生。

在审议的过程中,二阶俊博眼观六路耳听八方,立足己方,统筹全局,既考虑到小泉首相所想,又随时观察自民党内部派系的争斗情况,时而还站在在野党的立场上考虑问题。对于那些提出反对意见的党派,他采取逐一协调、各个击破的方法,只要与某个派系或在野党在一点上达成共识,他就马上确定下来,再与其他派系及在野党达成另一点共识。二阶俊博还果断采纳"需要更多相关人接受质询"的意见,举行了质询会,通过外部机制来促成一致。那段时间的特别委员会,像是被放置了一颗启动水银平衡装置的定时炸弹,稍有风吹草动就可能引发大爆炸。身为委员长的二阶俊博化身经验丰富的拆弹专家,小心翼翼的厘清各种关系,合纵连横、恩威并济,让委员会始终得以良好运转,没有出现人们预料中的"武斗"大爆炸场面。深入参与此次改革各项工作的邮政民营化负责大臣竹中平藏这样评价道:"二阶君的技术十分出色,让人叹为观止。"

7月4日,邮政民营化法案在特别委员会的审议正式拉开序幕。最终六法案获得了多数赞成,顺利通过第一关。当时担任自民党理事长的石破茂发出由衷的感慨:"好久没在二阶先生手下做事,又算长见识了。他有魄力有毅力,如果不是他,谁也收拾不下来。"

特别委员会通过法案后,决战的舞台转向了7月5日下午的众议院全体会议。下午1时,总会议拉开了序幕。会议开始前,二阶俊博专程拜访了党内反对最激烈的"堀内派"骨干古贺诚。古贺开诚布公地对二阶俊博说:"因为你是特别委员会的委员长,我不能不给你这个面子,听完你的报告我再退场吧。"其实,他原本压根儿不打算出席总会。但是,二阶俊博是他多年好友,如今好友亲自登门拜托,如果自己执意缺席二阶俊博在表决前所做的委员长报告,以后还如何见面。最终,二阶俊博的报告结束后,古贺诚选择了放弃表决权,自己静静地离开了会场,没有带走任何人。

唱票之前,二阶俊博对众议院会放行邮政民营化六法案非常有信心。但是,每当党内议员投出反对票时,在野党议员就会大喝倒彩,会场气氛变得有些怪异。连续几个党内议员投出反对票后,二阶俊博心里也开始出现了一丝不安。"果然没有那么容易……"漫长的煎熬之后,终于,投票结果出来了,赞成票233票,反对票228票,邮政民营化法案以5票险胜,艰难的闯过第二关。二阶俊博不禁庆幸起来,还好有古贺这个老朋友,堀内派议员人数众多,只要有3个人转投反对票,事情就完全不一样了。如果不是二阶俊博而是其他人担任这个特别委员会的委员长,结果根本不敢想象。

二阶俊博好不容易搞定了众议院,功不可没,可是他根本没时间放松紧张的神经。让人遗憾的是,8月8日下午进行的参议院总会上,自民党内的反对票达到22人,最终赞成票仅108票,反对票125票,以17票之差让邮政民营化法案遭到否决。

听到这一消息,强悍的小泉首相马上解散了国会,并宣布8月30日公示,9月11日进行总选举的投票和开票。

不按常理出牌的小泉首相让党内反对派失算了。他们原以为,法案没有通过小泉肯定会引咎辞职。殊不知,小泉像强劲的弹簧一样,压力越大,反弹越强,以致党内反对派完全没有准备,彻底乱了阵脚。

"对于小泉首相来说,邮政民营化是酝酿多年的政策。他一定要在自己执政期间施行政策。即使被否决了也不可能辞职。在野党和反对派完全错估了他的想法。"二阶俊博了解小泉首相的性格,从一开始他就猜到,如果法案遭到否决,小泉首相会马上解散众议院。

党内反对派的"造反"举动,无法动摇小泉首相推行邮政改革的决心。针对党内投了反对票的37人,小泉首相公开表示自民党不会推选,而且将针对他们展开"对立选举"。

小泉首相强调总选举时,应该直接问问国民"赞成还是反对邮政民营化",并就此展开公开对决。"只要有需要,不论哪里我都会去支援。"一番话,让人感受到了小泉打破闭锁的决然和执着。

众议院解散之后,首相秘书官饭岛勋与武部勤、二阶俊博一起,立刻投入到所有选区赞成邮政民营化选举候选人的甄别筛选工作中。来自北海道的武部和来自长野县的饭岛不太熟悉情况,甄选工作还是以二阶俊博为中心展开的。自民党过去的总选举,一直以总裁的派阀为中心,如果干事长是总裁派阀以外的人员,往往会形成"总干分离,政令不一"的尴尬局面,干事长不同意的事情,总裁也束手无策。但是,这次必须是小泉、武部勤、二阶俊博三人一致同意的人选,才能得到自民党的公推,可以称得上是特别条件下的特例。

通常情况下,众议院选举关键看公示日之前的民调与舆论。众议院刚解散时,日本的各家电视台、报纸杂志对小泉的态度不那么友好。他们认为"小泉针对法案内容说明不够充分"。如果无法获取舆论支持的话,自民党即使一次性公布推选人名单也无济于事,那只是电影放映结束时屏幕上快速滚动的一串字符,不会引起人们太多关注。所以,如何公布推选人名单,在什么时候放出"那串烟花",是影响选战形势的关键。

"首先公布的人必须名贯日本,从北海道到九州,任何投票者都知道他、关注他,而且这个人要赞同小泉改革。太过执着于某个选区的人,即使经验再丰富也不优先考虑。"二阶俊博的建议有的放矢,谈言微中。

稍作停顿,他接着给出更具体的例子来证明自己的观点。"比如东京十区出身的小池百合子,投票给她的人虽然只是东京十区的民众,但是这样热门的选区非常吸引眼球。从北海道到九州,全日本都会关注她能否赢过对手小林兴起。这样备受瞩目的选区如果超过10个,我们派出最强的参选人,一旦获胜就是10倍、20倍的宣传效果。因为他们的获胜能对全国其他选区产生示范效应,掀起有利于自民党的浩大声势。即使对小泉首相不抱友好态度的媒体,出于竞争需要也不得不报道这些热门选区的选战情况。一旦这些选区的自民党候选人获胜概率极大,他们也会马上转变风向。"

事情的发展果然如二阶俊博判断的一样。9月4日,各家报社一齐发表了舆论调查的结果,纷纷报道"自民党压倒性胜利"。二阶俊博也组织了自民党自己的舆论调查,300个选区无一遗漏,"自查"的最终结果和媒体得出的结果基本一致。

9月11日是投票和开票的日子。截至当天晚上8点,各家媒体的持续报道见证了自民党大获全胜的整个过程。东京25个选区中,

24 个选区由自民党候选人当选,占尽风头;比例选举中,从原防卫厅厅长爱知和男到名单最末位的清水清一朗,30 名自民党候选人全部当选,可谓完胜! 自民党大获成功的背后,二阶俊博功不可没。

此役过后,二阶俊博领导的"新波会"里众议院议员人数也增加到 15 人,其中包含了初次当选的井肋伸子、藤野真纪子、矢野隆司、伊藤忠彦、川条志嘉。身为自民党的总务局长,自然可以近水楼台先得月。如果二阶俊博向新当选的议员提出邀请,很多人都会争相加入他的派系。但是,二阶俊博却说:"不用勉强,仅仅凑够数量是没用的。政治讲人数也不讲人数。顺风顺水时,人多力量大,会让要办的事情进展更快,锦上添花。但是,万一发生什么状况,人数众多反而纷争四起,更容易溃败。困局之下,哪怕只有 10 个人,只要团结一心,就能成为强悍的突击队,发挥出超乎想象的力量。"对迷雾重重的政局有如此精辟的认识,恰可显示出他过人的政治智慧,这也就难怪二阶俊博总能在各种危局之中实现大反转,成为日本政坛的"常青树"了。

二、产业升级挽颓势

2005 年 10 月,因为在总选举中的出色表现,二阶俊博应邀加入第三次小泉内阁,出任经济产业大臣。根据时任中小企业厅长官望月晴文的回忆,二阶俊博上任时,日本的经济正在发生历史性转变。

当时,以"made in Japan"闻名全球的日本,国内制造业正经历一场大地震般的剧变。2005 年至 2006 年,由于新兴国家快速崛起等原因,日本制造业逐渐进行海外大转移,"产业空心化"开始由担忧变为现实。而此时一些后知后觉的日本政治家,还在指示有关部门"针对日本经济中的制造业,描绘出成长蓝图"! 日本几乎所有的制造业都跑到海外去了,拿什么来绘制这空壳"蓝图"。后来蓝图果然

2008年9月,二阶俊博在麻生内阁中第三次担任经济产业大臣

成为了一纸空谈,日本大型制造业机构就剩下了中央研究所,真的是名副其实的"研究",除了研发和管理部门留在本土,生产点都被搬到了海外。流失了大型的制造业工厂,日本国内大批工人失业,经济发展停滞,自杀率飙升,整个日本社会眼看就要"坠崖"。

与此相反,一些新兴产业却在制造业倒下的土地上快速兴起。没有烟囱、高度依靠技术与人才的环保电池、信息家电产品和机器人等尖端产业,已经进入竞争白热化的阶段,产品的迭代周期越来越短,企业必须持续不断推出新产品,才可能在技术竞争大潮中保持地位。现在很多人都知道,这就是经济发展中出现的"产业升级换代"。可是,作为亚洲最先经历这个阶段的日本,没有前人的经验可循,当时只能自己摸着石头过河。

高科技产业竞争激烈,产值巨大,充满经济活力,可是创造不了

"环保家电"制度实行首日，二阶俊博视察商店街

多少就业机会。如果让以前那些精工细作的制造业工人去适应光速发展的高科技产业，所需的知识水平和技术能力也不是一天两天能够达标的。如何促使产业均衡发展，拯救岌岌可危的传统制造业，整个日本都处在迷茫之中。

"我们已经陷入了一个思维怪圈。为什么非要把高科技企业与传统制造业对立起来。在高科技产品快速更新换代的情况下，要想最短时间抢占市场，就必须依靠速度。科技企业不要想着什么都自己搞，费时费力还速度慢。日本的中小企业积累了几十年甚至上百年的制造经验，有着引以为傲的工匠精神。如果让每个中小企业专攻一部分，就把所有精力集中在帮科技企业生产某个部件上，很快就可以转型。这样一来，科技企业出品的速度快了，中小制造企业也借此实现了转型，岂不是一举两得。而且，日本中小企业有慢工出细活的精神，日复一日钻研一个产品，投入精力到一件事情上，正是他们的优势所在。"二阶俊博提供了完全不同的思路：将中小企业作为产业升级主力军。

正如二阶俊博所指出的那样，从当时日本高科技产业的发展状况来看，即使是大型企业，也做不到完全靠自己的力量将富含设计价值的部件短时间内产品化。如果把铸造、锻造、电镀、压缩加工、模具制作等优秀的中小型企业集中于某一区域，就可以在设计价值的产品化过程中与科技企业边交流边推进，大大节约了时间成本，新产品上市的速度无疑会得到有如神助般的提升。也是在这个时期，日本中小企业不约而同地彻底抛弃了"低价才能取胜"的思想，无论国外同行如何非议，生存环境如何艰难，他们都坚守"高质量取胜"的底线，没有参与到任何一场价格战中。他们凭借对自身技术与制造工艺的自信，度过了最寒冷的冬夜，终于迎来了曙光。如今，当中国人跑到日本购买高价马桶盖时，日本企业的发展转型路径，开始成为全世界学习的对象，这也成为对当初二阶俊博号召中小企业进行产业升级这一举措最形象的肯定。

中小企业产业升级，这一前瞻性理念的提出，给寒夜中坚守的人们带来希望。当然，光是喊喊口号画张饼可不行，扶持中小企业的制度与体系，需要严格的法律法规来保障。在二阶俊博的主导下，经济产业省向第 164 次通常国会提交了《关于中小企业的制造业根基技术高度化法》，并最终获得通过。火车跑得快，全靠车头带。有了好的法律保驾护航，还需要具体措施来落实。甄选"300 家优秀企业"的工作，树立"比学赶超"的榜样，进入了二阶俊博的工作日程。

"支持并不是喊几句加油就可以的，要干实事。让优秀的中小企业真正发光发亮，让大家理解这 300 家企业具体好在哪里，树立榜样，这样才能对其他企业产生参照作用。"二阶俊博明确指出了活动的意义。然而，作为政府工作人员来说，这不是一份受欢迎的工作。"甄选"考验的是甄选人的能力与品德，并没有一个可以看得到摸得着的刻度标准，如何让全国 430 万家中小企业对评选结果心服口服是一个棘手的问题。

一直以来,政府进行此类评选时,都会遮遮掩掩担心走漏消息。因为没被选入的企业中,肯定会有人跳出来抱怨"为什么不选我们",这种反对情绪难免会对评选造成干扰。当大家担心这担心那的时候,二阶俊博却大手一挥:"天天在这担心有什么用呢,先赶紧做起来,边做边试。"

按照二阶俊博的指示,中小企业厅长官望月晴文调动了所有部门的力量开展甄选工作。可以说,日本全国的中小企业厅几乎全都赌上了名誉来进行甄选。"这次工作将最大限度体现我们组织的价值。我们一直与中小企业打交道。选上的企业,没选上的企业,究竟会从两者那里听到何种声音呢……"带着这种疑惑,带着对中小企业负责的压力,望月晴文带领同事们开始了甄选工作。

甄选工作采取全国9处经济产业局和经济产业部推荐,然后由专家委员会评审的方式进行,最终确定了300家符合"优秀"称号的企业。结果出来不久,精心制作的5000本"300家优秀企业"的宣传册就被抢购一空,此后又加印了8000本。

仅仅靠制作宣传册无法完全发挥作用,2006年5月8日开始至6月16日,经济产业省在本馆一楼大厅举行了为期6周的宣传展览,按照地域每周一换,介绍各地中小企业的产品和零件。参观者超过一万人。这次甄选也因此产生了一个意想不到的效果:同时入选的各地企业之间得以相互认识,为彼此合作打开了大门,产业、企业合作呈现出一片和睦之景。

令人意想不到的奇迹发生了!日本430万家企业中,没有一家企业、一个人来投诉"这样的企业怎么能登上册子",这充分证明了甄选出的300家企业是实至名归的。经济产业省为入选的300家企业授予了奖状。事前,二阶俊博特别交代:"除了奖状,一定要给他们颁发徽章!"望月晴文按照指示,特别制作了"300勇士徽章"。

望月晴文没有想到,这枚小小的徽章日后会带给他极大的震动。他在离开了中小企业厅后就任资源能源厅长官。一次,他因为核电站问题前往福井县出席会议。会议上有一位男士自豪地把"300 勇士徽章"戴在胸前,并再次向望月表达了谢意:"自从我们公司进了300 家优秀企业,员工们的工作热情就被点燃了。他们发誓为日本经济拼尽全力,每天都夜以继日地奋斗。我也感觉到了莫大的荣耀,到哪都戴着这个徽章。"听完这位男士的话,望月又一次为二阶俊博的想法所折服。"二阶先生真是懂得人心,能够鼓舞他人的人,一枚小小的徽章,竟能发挥如此大的作用。这下,我总算明白,他为什么一定要我们制作徽章了。"

甄选大幕刚刚落下,二阶俊博就指示将"300 家优秀企业"评选变为每年一次。看着有人露出困惑的表情,二阶俊博说道:"日本有430 万家中小企业,数量这么多,仅仅选一次就能选完优秀企业,这说不通嘛,再试试看。"因为二阶俊博的指示,"300 家优秀企业甄选活动"成为每年举行一次的活动,后来选出的"300 家企业"果然也都十分优秀。在荣誉感的推动下,很快,日本大地上根深蒂固的中小企业再次焕发出勃勃生机,牢牢支撑着日本的经济。"二阶先生好厉害。他是知道企业除了赚取利润,还需要强大的荣誉感啊!"大家对二阶俊博的远见卓识心服口服。

培养"工匠精神",现在已经成为华夏大地上的热词。其实,二阶俊博担任经济产业大臣时,就探索出了一些有效经验。他不是一味增建职业学校,把责任和问题寄希望于未来的发展,而是着眼于把现有资源盘活,找到最有效的利用方式。

当时,各地政府建设的职业学校拥有配套设施和专业教师,但是却封闭在校园里"闭门造车",很容易犯南辕北辙的错误,与企业真正的需要脱节。二阶俊博想,如果当地中小企业能自由使用职业学校培养技术人才,将供求双方直接对接起来,不就可以少走许多弯路,提高用人效率嘛。在二阶俊博的指示下,中小企业厅启动了职业学校与中小企业联合培养技术人才的项目,学校方面也积极配合工作。他们都意识到,在时代大潮面前,不主动创新是不行的。

　　项目正式启动后，取得了意想不到的效果。中小企业不仅向职业学校直接下"培养订单"，"定制"符合自身发展需要的"特定"技术人才，还把企业的年轻技术人员送到职业学校培训，产学结合，定向高效。企业与学校不断创新，政府方面作为引导者更不能掉队。二阶俊博要求经济产业省转变思路，不能扔点钱就算完事，而要在"知识援助"上下大工夫。经济产业省的工作人员细致调研多方的需要，为年轻人编排出合理的课程，并聘请专家评估培养结果，进一步跟踪反馈职业技术知识更新的成效。这些工作烦琐而复杂，耗力又耗时，以学校和企业的能力，确实难以完成。

2008 年 9 月，担任经济产业大臣的二阶俊博举行记者会

　　学校、企业、政府的联动，让日本的职业人才培养体系高效运转起来，源源不断为企业输送着优秀的技术人才，让中小企业逐渐跟上

国家发展的脚步,继续扮演着日本经济发展中举足轻重的角色,日本古老的"工匠精神"在现代社会再次绽放璀璨光芒。

三、金融改革焕新生

2005 年 10 月 31 日,刚刚上任经济产业大臣,新挑战就迎面而来。二阶俊博从首相小泉纯一郎那里接到了一项重要指示:"政府系统的金融机构不能再这样了,做点事情。"

日本政府内有 8 大金融机构,其中大多与中小企业有关。中小企业抗风险能力较弱,受人力、原材料成本波动影响较大,对于中小企业来说,金融关乎企业生死,是他们最关心的部分。可是,政府系的金融机构由于体制障碍,已经很难满足中小企业发展的需要。

二阶俊博非常赞同小泉纯一郎的看法,从担任经济产业大臣之初就下定决心,要改变金融机构的现状。"现在,金融系统已经到了不得不改的地步。改革要求是一股自然而发的洪流。堵是堵不住的,反而会突然爆发,冲垮整个国家经济。我们不如先发制人,来个政策性金融改革,从根子上解决问题。"

怎么改?从根本上改,推倒了重来,别人不敢做的事情我敢干,民营化!2005 年 11 月的例行记者招待会上,二阶俊博明确表示了民营化的方向。11 月 14 日,他在经济财政顾问会议上,以政府最大的金融机构"商工中金"为例,提出了"商工中金民营化"的方针,明确树立"金融为中小企业服务"的旗帜,并强调要注重平稳过渡。

金融,关乎国家经济基础和民生发展的稳定性。民营化过程中,完善的过渡措施极为重要。以最大的机构"商工中金"为例,在民营化过程中,需要特别注重保持财务基础的稳定,政府出资 1000 亿日元作为资本金的同时,还要准备 3000 亿日元的资本准备金。在二阶俊博的努力下,经济财政顾问会议、政府及在野党在 11 月 29 日同意了他的基本方针。二阶俊博的各项提议在这一方针中得到了一一体现。

但是，一个背靠国家这棵大树的政府金融机构，民营化的道路显然没有那么平坦。"商工中金"成立到现在，由国家出资，信用度较高，依靠发行商工债券和吸收存款等，可以完成95％以上的资金筹集与调配。一旦民营化，信用度等全部情况都将发生变化。而且，民营化的时候，金融债务如何处理？必须确保资金的筹备与调配。为此，二阶俊博提出，过渡期7年间继续发行金融债券。今后金融形势与制度都会出现变化，到时审时度势再发行某类金融债券。

金融业民营化改革的初衷，是为了充分调动金融调配的积极性，更好地为中小企业的发展提供保障，促进中小企业健康长久的成长。二阶俊博特别强调："'商工中金'关系到中小企业的生死，如果民营化后，变成了那种唯利是图的金融机构，不再对中小企业发挥积极作用，那么这种改革就是失败的。"

二阶俊博的担心不无道理。当时的各大商业银行听说"商工中金"等政府金融机构要民营化，无不额手称庆。因为这意味着政府金融机构的政策优势丧失，商业银行可以借机瓜分这些机构的客户与市场。但是，庄家的拉锯战，最后受损的却是日本广大的中小企业，他们将不得不承受更高的融资成本，抗风险能力也会大大减弱，最终，金融改革的作用会完全背离初衷。与此同时，商业银行还不断给政府施加压力："有政府撑腰的'商工中金'不是市场经济，早就应该民营化。"

2006年3月10日，小泉内阁会议讨论通过了《有关为了实现简洁有效的政府办公推进的行政改革法》。该项法案详细阐述和规划了政策性金融改革，并明确以"商工中金"的民营化作为模型，试水改革。

法案一出，商业银行就失望了。因为二阶俊博在"商工中金"民营化的过程中，并没有像他们预期的那样把政府资产以及过渡期出资的 4000 亿日元,全部往民间市场上一扔,任其成为商业银行等各类金融买家争夺的"肥肉"。

面对各方激烈博弈,这一条通往民营化的道路,走得实在是不容易。2006 年 2 月 20 日的国会答辩上,二阶俊博曾这样说:"我们不是简单将'商工中金'等政府金融机构变为普通的金融机构,而是要继续和中小企业站在一起,安抚他们的不安,将这些机构变成为中小企业服务的金融机构,这才是民营化改革的根本。为了达到这一目的,完善相关的法律程序和政策是我们的责任,中小企业把自己的性命交于我们,这份责任重于泰山!经济产业省看重的政策性金融综合机构,将乘着改革东风,发挥综合性优势,让中小企业感觉到我们的进步。"

二阶俊博是如何避免虎伺狼环的金融机构狙杀金融机构改革的呢?首先,政府出资的 4000 亿日元资本准备金留在机构内部,投放市场的 1000 亿日元则转化为股票,但是,只有中小企业团体才具有购买资格,并给予特殊补贴,具有法律保护效力。

此后陆续推出的其他措施,也是为了更加便利中小企业。由于政府系金融机构分散,不同机构在同一街区都有各自分店,既浪费了大量人力物力成本,又让中小企业在选择的时候花费过多时间和精力。改革后,这些机构被合并在一起,业务统一,中小企业有了非常明确的标准,享受一站式服务,不再东跑西跑,节约时间成本,减少不必要的支出,获得了极大的便利。

金融改革轰轰烈烈进行了一年。民营化改革之初,很多中小企业怀有极大不安。但是,最后,不安的情绪被真实可信的服务支持所消解。中小企业发现,改革后自己在这些金融机构里拥有了更大的话语权,融资也更加便利。这些,正是经济产业省推行金融改革的初衷。二阶俊博作为改革的总设计者,出色发挥了领导作用。"改革是非改不可的。但是因为改革,让中小企业陷入困境肯定是说不过去的。"二阶俊博完美解决了这个两难的课题,规避掉日本这艘经济巨轮触礁的风险,带领经济产业省乘风破浪开拓更广阔的天地,为此后日本金融体系的平稳发展发挥了决定性作用。

"他拥有让人信服的魔力。前面那么多人没干成的历史性改革,终于在他手里尘埃落定。其实,很多人都熟知金融系统与中小企业的政策。但是二阶先生总是能用韧性和决心,叩开人的心门。改革中,不管哪一方都没有各执己见,而是充分协商,实现了多赢。二阶先生不是那种完全局限于所谓政策与方案的人,他考虑问题从来都是从人的角度与立场出发。二阶先生明白,人心服了事情才能做成,否则再好的方案最后也会因为阳奉阴违沦为一纸空文。这就是他的厉害之处!"回忆起那次惊心动魄的改革,时任中小企业厅长官的望月晴文至今依然对二阶俊博赞叹不已。

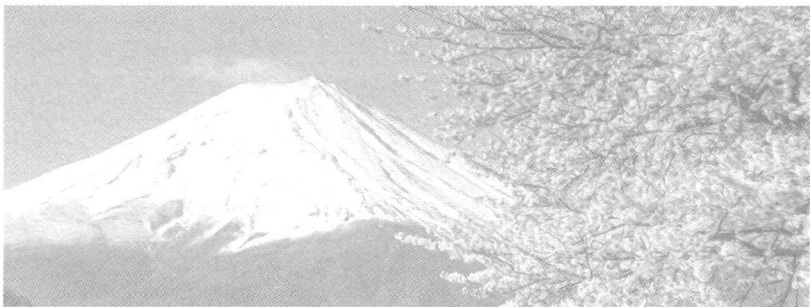

第十一章

国际舞台上的长袖善舞者

　　在全球化进程快速发展的当今世界,一位优秀的政治家首先应该立足本国利益,同时也必须具备世界性的开放眼光。

　　在国际舞台上,二阶俊博与人为善,真诚相待,时时处处都体现出了一个"和"字,受到许多国家领导人的信赖和尊敬,并成为至交。而他的努力,也树立起日本尊重他国、爱好和平的国际形象,为日本创造了良好的国际环境。

　　作为一位赢得良好国际声誉的日本政治家,二阶俊博与其被贴上"亲华派"的标签,更应该被称作为中日关系做贡献、对国家利益负责任的理性政治家。一位日本友人曾经直言不讳地对笔者说,日本要是多一些像二阶俊博这样头脑清醒的政治家,就不会屡屡出现周边环境恶化,在某些境遇下举步维艰的情况。二阶俊博在处理与其他国家的关系时,总是习惯于换位思考,秉持公平客观的立场,找到彼此利益的共同点,从来不会盲目追从国内政治需要而一叶障目短视逐利,损害彼此的国家情感。

一、由此及彼解寒冰

1999 年秋季,第二次日韩定期部长级会议在韩国济州岛举行。时任运输大臣的二阶俊博率团参加,并就旅游观光等文化交流事项达成了系列协议。纸上得来终觉浅,很快,一个由二阶俊博组织的"拜谒沙也可将军之旅"旅行团,前往友鹿洞进行实地访问。

旅行团名称中的这位"沙也可将军",是一个非常特殊的人物。他原名冈本越后守,亦称"沙也可",本来是日本的一位大将。明朝万历年间的朝鲜战争期间,他作为加藤清正手下的大将出征朝鲜,后来在战争中败北并向朝鲜军队投诚。归顺朝鲜的李氏王朝之后,"沙也可"在东莱和蔚山的重大战役中多次击败日本侵略军,李氏王朝念及他立下的赫赫战功,赐名"金忠善",官至正二品正宪大夫,逝世后被谥为"忠善公"。今天,在韩国大邱广域市有一座"鹿洞书院",就是后人为了纪念"沙也可"而建立的。

"汝之蜜糖,彼之砒霜",同一个事物,换个立场就可能得到完全不同的看法。站在日本历史的角度看,一些人将"沙也可"评为最大的"日奸",恨不得将其永远钉在历史的耻辱柱上。具有世界性视野的二阶俊博却认为,"沙也可"为李氏朝鲜戍守边境数十年,还屡次平定朝廷内乱,早已成为韩国民众心中的大英雄。这么一位韩国(朝鲜)历史上功勋卓著的人物,不仅不能狭隘地以"日奸"来评价,还要将其作为日韩友好的使者发挥更大的作用。这是一种以发展的眼光对待历史的态度,也是对韩国人民民族感情的尊重。为此,二阶俊博特意选择了撰写沙也可将军传记的《海之伽琴》的作者,同时也是和歌山县老乡的神阪次郎作为"拜谒沙也可将军之旅"旅行团团长,神阪次郎率团参拜了韩国的"沙也可将军之墓",并与他们开展座谈与交流,向韩国民众和学者深情讲述沙也可的故事,宾主沟通顺畅,现场气氛热烈,大家深受感动。沙也可的第十四代直系子孙金在赐身着传统服装,代表沙也可的一万多名后人发表了语挚情长的讲话。

旅行团顺利完成任务从韩国访问归来,二阶俊博以"沙也可"为连接点促进日韩关系的建议得到了极好的验证,也让他更进一步认识到,沙也可是日韩发展关系的重要纽带,对他的重新定位非常重要。为此,二阶俊博委托朋友将《海之伽琴》翻译成韩文,并亲自送给韩国原总统金大中和卢武铉。"我们要让更多人阅读到这本书,将沙也可将军的故事传给子子孙孙,让他们珍惜日韩友好的结晶。"

在二阶俊博的不断推动下,2010 年 12 月,日本皇室和政府正式承认沙也可将军的事迹,并在和歌山县的名胜地纪州东照宫里建立了一座纪念沙也可的石碑。纪念碑两侧分别用韩文和日文介绍了沙也可的事迹,并表达了对韩日友好关系不断发展的美好祈愿。日本皇室和政府释放的这份善意,对于沙也可后人和许多韩国人民来说是一份无法用言语形容的安慰。

为纪念和表彰二阶俊博为发展日韩关系作出的突出贡献,2002 年 6 月 4 日,韩国政府就曾给二阶俊博颁发过一级修交勋章"光化章"。这是韩国政府授予外国人的最高勋章。就在二阶俊博受勋这一年,日韩联袂献上精彩的世界杯足球赛、日韩携手创作的歌剧《玄界滩盛开的梅花》在两国隆重公演、韩国前总理金钟泌率团到和歌山县访问……日韩关系迎来了史无前例的"黄金时代"。而二阶俊博敢于公正面对历史,为沙也可"翻案"的勇气,无疑是这一和合盛举的重大推力。

以"人"为本,不仅是二阶俊博为基层人民谋福祉的出发点,也是他处理对外关系的一个重要准则。2006 年,担任经济产业大臣不久的二阶俊博,就遇到了"难啃的骨头"。与菲律宾政府进行的经济合作谈判,一开始就非常不顺利。当时的菲律宾贸易产业部部长态度非常冷淡,立场也很强硬。就在日方的谈判人员反复检讨各项条件与条款时,二阶俊博却看出来,菲律宾的部长心中早已经有了"先入观",不解除这个障碍,谈判桌上花再多功夫也是白搭。二阶俊博抓住机会就与菲律宾的贸易部长拉拉家常,诚恳谈心,不打官腔不说套话,慢慢成为了知根知底的好朋友。有了信任的基础,接下来沟通就顺利得多了。到最后,这位菲律宾的部长态度一百八十度大转变,简直像换了一个人。他主动对二阶俊博说:"与日本的友好合作关系,不能仅仅限于经济产业省,其他方面的合作也希望二阶先生出面与更多省厅牵线搭桥。"

印度工商大臣那多,不仅在印度国内,在世界贸易组织也有着重要影响力。他与二阶俊博一见如故,很快就成为了彼此信赖的挚友。他评价二阶俊博时说:"我们能成为好朋友,不仅仅是因为他那一口流利的英语,而是他非常善于沟通,能让对方迅速理解他的想法。而且,他拥有足够的耐心,真诚倾听对方的想法,在充分交换意见的基础上,最后寻找到对方的契合点。其实,处理对外事务,和人与人之间的交往是同一个道理,不是精通外语、了解各项国际惯例就高枕无忧,关键是你能不能给人信任感。他就是那种能让人感觉到放心的朋友。"

二、心怀悲悯御海啸

2015 年 12 月 22 日,联合国大会通过决议,决定接受日本的提议,将 11 月 5 日定为"世界海啸日"。这一决议案由日本提出,由曾遭受海啸袭击的东南亚以及南美等地区的 140 多个国家联合提议,最后以全票通过的结果得到确立。

毫不夸张地说,在日本,谈起"世界海啸日",人们首先就会想到二阶俊博。几十年来,二阶俊博在国内外四处奔走,呼吁制定"世界海啸日"以使国际社会认识到海啸的威胁,现在这个充满悲悯之情的心愿终于得以实现。从此以后,人们闻之色变的"海啸"不再那么恐怖，无情天灾的背后，有了暖暖的人情味。

翻开历史会发现，11 月 5 日与二阶俊博的家乡——和歌山县广村（现和歌山县有田郡广川町）有着密切关联，这一天，是当地记录的重大灾难日。1854 年 11 月 5 日夜晚，"安政南海地震"引起的海啸突然席卷广村，就在洪水肆虐的危急时刻，出生于广村的 YAMASA 酱油会社第七代传承人滨口梧陵，在地势较高的稻村放火，引导村民前往位于安全地带的广八幡神社避难，最终使九成以上的村民获救。这就是日本历史上非常著名的"稻村的火"。

日本位于地震多发地带已无须赘述，频发的地震让人们苦不堪言，而地震引发的海啸，更让人防不胜防。海啸的发生，让深受地震灾害损失的人们雪上加霜，甚至让地震灾难中幸存下来惊魂未定的人们再次经受生命安全的威胁，可以说，海啸是比地震更残酷的生存考验。听着"稻村的火"的故事长大的二阶俊博，从小就对海啸的危害认识深刻，从走上政坛的第一天起，就开始呼吁提高民众防范海啸的意识与知识，减少海啸带来的巨大损失。在二阶俊博的推动下，和歌山县广川町每年都要举办"海啸祭"；2005 年，讲述"稻村的火"故事的《滨口梧陵传》在 64 年后被再次收入小学五年级国语课本；各个机构定期开展防避海啸的演习……2011 年 3 月 11 日，日本发生了举世震惊的"东日本大地震"，东北部人民的生命和生活遭受到极大的创伤。破坏力巨大的海啸，混合着海底的杂质和污泥，横扫日本东北部沿海城市，瞬间吞噬了人们的家园，造成摧毁性的破坏，超过两万人在这场灾难中失去生命。海啸带给人们难以愈合的伤痛，受灾民众绝望又无奈的眼神，令二阶俊博心痛不已，紧急发出的防范海啸的呼吁，再次引发了日本全社会的高度关注。在灾难发生 100 天后的 6 月 24 日，日本通过了《海啸对策推进法》，完善各项海啸避难的体制，并将二阶俊博提议的 11 月 5 日作为全国的"海啸防灾日"，各个机构在这一天要举办多种纪念仪式及防灾演习。

天灾面前，人类的力量是那么微弱，防灾减灾的意识应当超越国家概念,守望相助,互通有无,共同抵御自然界带给人类的伤害。二阶俊博认为,"海啸防灾日"非常有必要在全球范围内推广。几十年来,日本在亚洲一直处于防灾能力建设的最前沿,在应对海啸灾难方面有更多的经验,应该首当其冲担负起积极游说联合国的责任,将每年的 11 月 5 日制定为"世界海啸日"。如果联合国批准"世界海啸日"的倡议,设立海啸纪念日的意义将从日本扩大到全球,对于提高人们对海啸的防范意识和普及防灾减灾知识有很大帮助。

2015 年 3 月 11 日是"东日本大地震"发生四周年纪念日,在日本仙台市举办的联合国第三届世界减灾大会上,日本正式提出了《仙台防灾减灾合作倡议》,表明今后将提供数亿美元资金支持,并培养数万名防灾专家。"世界海啸日"的制定构想开始逐渐具体化。2015 年 9 月,日本向联合国提交了"世界海啸日"的决议案,希望在当年年内能够成功确定日本"海啸防灾日"为"世界海啸日"。

二阶俊博向外界表示,包括日本在内的亚太国家地区,经常受到大型灾害的威胁。日本遭受灾害后,曾经获得来自各国的帮助,在他国发生地震及海啸后日本也伸出了援手。今后最需要的就是大家互相协作,通过共同努力,以降低未来灾害发生时的受灾人数和经济损失。由于近年来发生的海啸破坏力强大,日本考虑制定"世界海啸日"来纪念灾难的受害者,并表彰幸存者顽强的生命力。

"世界海啸日"的倡议获得各国一致认同。来自日本的议题没有遭到明显阻力的原因是,"海啸纪念日"的设立可以让其他受海啸影响的国家因此受益。首先,它有能力建设和功能传递的意义,让日本与其他国家分享防灾知识和信息,宣传和共享日本应对灾害的措施,能促进日本与其他国家在防灾领域的友善合作。

除此之外,日本也可对其他国家提供技术上的援助。这包括海啸监测和预警系统。日本在 20 世纪 40 年代首次投入海啸预警系统。"3·11 大海啸"后,日本又追加了 35 亿日元的资金投入用于最新一轮的系统升级。因此,在长期操作预警系统方面,包括硬件和软件的技术知识,日本有足够先进的经验可以与全世界分享。确立"世界海啸日"的意义,还凸显了非政府机构合作的重要性,可加强非政府组织之间的友谊和沟通。

二阶俊博能从纷繁复杂的国际局势中,找到一个所有国家都认同的议题开展合作,不仅仅是因为他眼光如炬、认识独到,更是因为他始终抱着合作共赢的思想,符合世界大家庭共同发展的基本原则,为各国政府和人民所认可。

三、共谋发展显襟怀

进入21世纪以来,东亚各国经济增长强劲,开始成为拉动全球经济发展的新引擎。聚沙成塔,集腋成裘,如果将东亚国家的经济整合起来,那将意味着一个能量巨大的经济体和一连串惊人的经济数字。就这样,一个"东亚版经合组织"的新蓝图,在二阶俊博脑中初步勾勒成形。2006年,在小泉内阁担任经济产业大臣的二阶俊博,正式提出了"东亚东盟经济研究中心(简称ERIA)"构想。

如今,东亚各国的GDP总和超过12万亿美元,约占全球的1/4。二阶俊博倡议设立ERIA,希望东亚人携手并进,从地区整体出发协调政策,为了亚洲的繁荣与稳定,一起努力应对地区共同的课题。二阶俊博认为,ERIA就是为了实现这一目标的核心机构,为了亚洲的未来,日本、中国两大有影响力的经济强国应该一起充分发挥带头作用,呼吁各国响应号召,携手前行,共同发展。

ERIA的构想,参考了"经济合作与发展组织(简称OECD)"的概念。OECD是在第二次世界大战结束后,百废待兴的情况下设立的。该组织不仅为欧洲复兴作出巨大贡献,也对世界经济发展起到推动作用。二阶俊博认为,亚洲也需要设立一个像OECD这样的智囊团和政策调整机构。这个"东亚版的OECD"就是"ERIA"。为此,

2006 年,二阶俊博将设立 ERIA 的构想,写入了由日本经济产业省汇总的"全球经济战略"中,在日本经济财政咨询会议上进行汇报。

最初,对于二阶俊博勾勒出的美好蓝图,无论日本国内还是国外的态度都不太乐观,他们普遍认为 ERIA 这一构想很难实现。这些顾虑和怀疑并非毫无根据,在日本与东盟就此展开的会谈上,确实有一些成员国持不赞成的态度。回顾日本在亚洲近代史上留下的灰色印记以及日本与邻国的关系,遇到这种政治上的难关既合乎情理,也在二阶俊博的预料之中。

但是,地球并非绝对静止,任何事情都处于变化中,从不可能到可能,往往需要付出很多代价。轻言放弃不是二阶俊博的性格,他不畏繁难,不怕误解,去找亚洲 15 国的经济部长逐一商谈。他立足亚洲国家的现状,设身处地替经济发展水平相对落后的国家着想:"我们亚洲的经济就应该由亚洲人来掌控!贫富差距、能源与环境等问题是东亚地区共同的课题,我们要建立起一个协商平台,这样才能使亚洲所有国家都富裕起来。"

二阶俊博诚意十足的谈话和坚持不懈的努力,逐步赢得了东亚各国的理解与支持。各国也放下顾虑,开始积极推动设立 ERIA。终于,2007 年末在新加坡举办的"东亚峰会(以下简称 EAS)"上,亚洲各国首脑就设立 ERIA 达成了一致。

获得了东亚各国的支持后,接下来二阶俊博要面对的问题就是如何争取到美国的理解,使美国这个重要的经济合作伙伴相信 ERIA 不仅不会损害日美关系,还会加速亚太地区乃至全球金融和资源的流通,ERIA 的设立对东亚各国有益,从长远角度来看对美国也有益。

2008 年 5 月,二阶俊博主动找到当时的美国驻日大使希法(Tom Schieffer),就设立 ERIA 这一构想进行了详细说明。希法大使充分理解该设想的出发点,但是也明确表示了美国将会被排除在外的担忧。希法大使提出了美方的质疑,即 ERIA 的设立有可能会架空"亚洲太平洋经济合作组织(简称 APEC)"。

二阶俊博在 ERIA 庆祝仪式上

二阶俊博不断传递出日方的诚意，向美国确认日方的态度和想法，极力争取美国的理解，他表示日方一定会与美国保持信息共享，在作出重要决定前征求美国的意见，再次强调日本非常重视 APEC。ERIA 的设立与 APEC 并不冲突，可以说 ERIA 是帮助东亚地区明确自己的目标，进而能够更好地与 APEC 合作。

通过一系列努力，二阶俊博释放出足够的诚意，相信 ERIA 的构想已经获得了希法大使的理解，在不影响日美关系的前提下，可以逐步推进 ERIA 的工作了。

以东盟为主推动的区域全面经济伙伴关系（RCEP），把建设现代化、高水平自贸区作为目标，以求对东亚经济进行深度整合。在不久前结束的 APEC 领导人会议上，亚太自贸区概念再次得到各方的关注。目前，亚太区域一体化也处在新的发展阶段。如何平衡与协调不同的区域性框架和双边或多边之间的关系，真正推动亚太迈向自贸区，需要各方共同的努力，二阶俊博又一次走在了前列。

　　2015 年 3 月 26 日,十几位外国首脑、80 多位各国部长级官员等总共来自 49 个国家的近 3000 名代表齐聚中国海南,出席博鳌亚洲论坛,年会的规模明显超过以往。因为,中国国家主席习近平 2013 年 9 月在访问哈萨克斯坦时首次提出的"丝绸之路经济带"以及 2013 年 10 月在 APEC 领导人非正式会议期间提出的"21 世纪海上丝绸之路"("一带一路")倡议,将在此次盛会上揭开面纱。所有的聚光灯都对准了开幕式上习近平关于"亚洲命运共同体"的主旨演讲。

　　习近平在演讲中介绍了"一带一路"的倡议,即通过构筑丝绸之路经济带推动亚洲等地区经济发展。他表示,中国将推动亚洲基础设施投资银行(以下简称"亚投行")同亚洲开发银行、世界银行等多边金融机构互补共进、协调发展。5 年后中国的海外投资将超过 5000 亿美元,正如习近平所说:"作为大国,意味着对地区和世界和平与发展的更大责任。"

　　习近平为与会嘉宾作出了详尽的介绍。中国的"一带一路"倡议是以改善亚洲的贸易和交通联络为目的而提出的。通过加快互联互通,可以使海洋成为连接亚洲国家的和平、合作之海。丝绸之路经济带的构想,是以曾经连接欧洲和亚洲的重要贸易通道为着眼点,以铁路、公路、电网、海港等基础设施为中心,促进地区经济统筹发展的大构想。

　　为了实现该构想,需要进行庞大的基础设施投资。除了中国设立的丝绸之路基金以外,亚投行也在其中担当着十分重要的角色。习近平说,"一带一路"建设和亚投行都是开放的,欢迎沿线国家和亚洲国家积极参与,同时也张开臂膀欢迎五大洲朋友共襄盛举。目前已经有 60 多个沿线国家和国际组织对参与"一带一路"建设表达了积极态度。

　　受邀参加论坛的二阶俊博听完习近平的阐述,感触颇深。对于其中的很多内容,他是熟悉的。长期以来,日本就是对"丝路文化"

最感兴趣的国家之一。日本的"丝路情结"可谓源远流长,其热度不亚于中国,更是远甚于其他国家。古代日本就有官派留学僧和个人行为的游学僧前往丝绸之路访问交流,尤其到了明治维新后的近现代,日本人对丝绸之路的兴趣就达到了空前的高度,并一直延续至今。当1890年英国军官鲍尔从库车买到56本桦皮文书(史称"鲍尔文书")、1900年瑞典人斯文·赫定发现楼兰遗址、1907年斯坦因发现敦煌莫高窟之后,"丝绸之路"不再是遥远的可望而不可即的梦境,留在日本人血液中的"丝路印记"不断地沸腾。

1958年,历史学家井上靖先后出版了小说《敦煌》与《楼兰》,1959年这两部作品同时获得日本每日艺术奖。1980年中日合拍的《丝绸之路》曾经在国内外引起不同凡响的反应。丝路情结漫长,2005年至2007年日本NHK电视台又相继拍摄了《新丝绸之路》系列纪录片。现在日本各家电视台录制的有关丝绸之路题材的纪录片大概就有十几部。日本人对"丝路"有如此高的兴趣,源于几种不同的思想意识,是一种融合了尊佛意识、寻根意识、岛国意识、环保意识和相互依赖意识的复杂的情感。

其实,日本也是冷战后最早发现丝路商机的国家之一。1995年,欧洲联盟委员会提出"欧洲—亚洲交通走廊方案"后,在亚洲开发银行、联合国经社理事会和联合国开发计划署等有关国际组织的筹划和倡议下,一些国家也都曾提出过自己的战略设想。这其中,日本提出的"丝绸之路外交"(1997年)要比美国提出的"新丝绸之路计划"(1999年)以及由俄罗斯、印度、伊朗三国发起的"北南走廊计划"(2000年)都要早。

正是基于对这段历史的熟悉和对这份"丝路情结"的了解,对于中国倡导的"一带一路"建设,与日本某些短视的政客不同,二阶俊博表现出了前瞻性的开放态度。他预见到,该战略是世界经济合作的最重要框架之一,有利于加强不同文明交流互鉴,促进世界和平发展,是一项造福世界各国民众的事业。

在二阶俊博看来，"一带一路"倡议是中国作为一个新兴大国试图对国际经济秩序作出补充，其核心是通过基础设施建设，促进区域经济合作与发展，惠及沿线国家和地区，这也正是过去几十年中国经济发展的成功经验之一。过去30多年，中国一直是现行国际经济秩序包括经济全球化的主要获益者，现在，中国主动把这些经验拿出来与其他国家分享。日本国内某些人言之凿凿地担心中国挑战现有秩序并与其他国家发生对抗，完全是无稽之谈，他们显然对中国缺乏足够的了解，挑战和对抗与中国的国家理念和利益不符，也不利于世界的稳定。而且，中国正在走一条全新的发展道路，通过承建高铁、金砖国家发展银行、丝路基金、亚投行等项目在向世界传达良好意愿的同时，也致力于帮助周边国家共同发展，中国在积极地与其他国家一起推动国际经济体系融合，对于世界是一件好事，也非常具有借鉴意义。

二阶俊博强烈地感受到，尽管日本不是"一带一路"倡议的沿线国家，但无论是从历史源流、地缘优势，还是经济互补性方面考虑，日本都不应该是"一带一路"的"域外国家"，因为这一构想的魅力和优势足以令世人期待。中国"一带一路"建设虽然处于刚刚起始阶段，短期内无法看到它的全貌，但对日本经济界来说无疑是一次难得的商机，它将会激发出数量可观的新经济增长点。中国的"一带一路"建设是惠及沿线国家和地区的长远战略，不是只顾自身经济发展的权宜之计。"互利共赢"符合中日两国的价值原则，在新的世界发展形势下，中日两国应该进一步探寻经济合作的"契合点"，让"互利共赢"最大化。

"一带一路"倡议提出以来进展顺利，给周边国家的经济发展带来越来越多的益处。日本对"一带一路"倡议的认知和反应，也有一个逐渐变化的过程。日本国内最初表现出排斥、抵触的情绪，但随着"一带一路"建设的向前推动，日本企业从中获益，新的经济增长点的出现也让国内民众和政府官员的舆论开始有所分化。在与"一带一路"相关联的现有贸易中,日本产品占据了可观的份额,再加上交通更加便利,比传统的运输路线省时省力,日本各行各业受益颇多,因此,从日本国家利益的角度考虑,"一带一路"建设显然是惠及周边国家发展和全球经济增长的绝佳机会,具有广阔国际视角的二阶俊博敏锐地捕捉到了这一点。

2014 年 11 月,中日两国政府发表了处理和改善两国关系的"四点原则共识",使中日政治经济关系出现了力求向好的新趋势。

自 2008 年世界金融危机后,全球经济增长缓慢,危机所带来的不利影响仍然存在,大多数国家经济都处于复苏的关键时期,亚洲经济乃至世界经济的融合至关重要。

而中国经济在 2008 年全球金融危机后迅速恢复,至今仍然保持着较高的增长率,成为拉动全球经济复苏的引擎。2015 年 12 月 25 日,亚投行成立后,在新兴市场国家投资兴建铁路、发电站等项目对各国企业极具吸引力。日美两国最初决定不加入亚投行,并希望其他发达国家也不要加入,英德法意等发达国家在考量自身发展前景之后,最终宣布加入。欧洲国家加入亚投行,是为了方便本国企业参与亚投行在亚洲地区的投资。这一动向引发了日本对"向美一边倒"外交政策的重新审视。对此,二阶俊博直截了当地指出,希望最终日本可以加入亚投行,日美两国对亚投行提出的一些要求是出于竞争性的情绪化态度,事实上是不利于日本经济增长的。

二阶俊博认为,日本加入亚投行将对日本包括土木在内的基础设施行业带来正面影响,而这些行业也对日本加入亚投行抱有期待。亚投行扮演着大规模合作机制的重要角色。而各国建立友好关系是对和平作出贡献的正确道路,新的经济形势要求日本须和包括中国在内的其他国家携手,推动亚洲地区共同发展。

二阶俊博表示,亚洲基础设施资金需求巨大且面临严重短缺,因此中国倡议设立亚投行将会使中国、日本和整个亚太地区经济获益。对日本而言,最理想的状态是亚洲各国和地区能够理解相互合作所带来的实际利益,因此应该加强与亚洲各国和地区之间各种形式的相互依存关系,共享发展机遇,共同抵御经济危机带来的风险。日本的加入一方面可以促进日本企业在亚洲地区的投资,进而推动本国经济发展,另一方面日本在审查融资及维持银行信用度等方面也可为亚投行的发展带来经验,是"双赢"的局面。从这个意义上看,日本其实应该比任何国家都率先宣布加入亚投行。日本已经错过了初期阶段加入的良机,对此日本政府应谦虚地反省目前的事态,并最终作出加入的决定。

其实,日本很多民间人士也认为"为了基础设施项目走向海外,参加亚投行是明智的选择","为了实现公正运营应该参加",要求政府变更方针的声音一浪高过一浪。曾长期担任运输大臣的二阶俊博非常认同这种看法。他指出,基础设施建设应当在亚太获得最高的优先权,亚投行没有附加条件的巨额资金是十分具有吸引力的。日本应该搁置自己的保留意见,与中国和其他国家一起参与到亚投行的建设、发展和改革中来。亚投行以投资亚洲基础设施建设为重心,巨大的资金支持必将帮助亚洲各国发展,而亚洲的发展也将给日本的投资、机械、建筑领域提供巨大商机。

对国家发展持开放眼光的二阶俊博多次在不同场合强调,现在已非一国可以单独获益的时代,国家间经济交流频繁,国与国利益息息相关,中国的发展能够带来日本的发展,日本的发展也能促进中国的发展。中日两国的合作发展、互利共赢才是促进亚洲经济整体发展的原动力。自2008年全球金融危机以来,世界经济进入低速增长期,一些新兴国家也在调整中进入经济中速增长阶段。与此同时,随着发达经济体与发展中经济体总体实力的此消彼长,世界格局进入了深度调整期。欧盟"黑天鹅"频飞、世贸组织约束作用越来越弱,谋求出路、保持经济持续稳定增长成为世界各国的首要政策目标。一些国家逆历史潮流祭出了"贸易保护主义"的大旗,以抗拒全球化的步伐。

对此，二阶俊博直言不讳地指出，现在世界经济出现的贸易不平衡、发展不协调问题，不仅不是因为过度提倡全球化，恰恰是因为全球化理念还不够普及，有些国家的领导人恐怕是搞错了发展方向。虽然作为推动世界经济互利共赢的手段，近年来各种区域性、次区域性以及双多边合作组织不断涌现，但是还远远不能满足全球化的需要。只有在现有框架外不断探索更多、更有质量的合作体系，才能更好促进全球经济的共同发展。发展新的合作体系，不仅是对现有合作体系的补充，更有可能成为未来世界的主流方向。只要世界各国不停下探索的脚步，就会有突破。各种合作体系之间，不应该是有你没我的排斥关系，而应该是你中有我的包容关系，只有这样才能积聚起人类的共同智慧，创造更美好的未来！这是肺腑之言，来自一位多年关注国内外经济发展现状和国际交流形式变化的日本政治家的一颗热心。

二阶俊博在第四届东亚地方政府会议上发表演讲

责任编辑:杨美艳　翟金明

图书在版编目(CIP)数据

二阶俊博评传/蒋丰,王鹏 著. —北京:人民出版社,2017.10
ISBN 978 - 7 - 01 - 018324 - 4

Ⅰ.①二…　Ⅱ.①蒋…②王…　Ⅲ.①二阶俊博-评传
　Ⅳ.①K833.137＝6

中国版本图书馆 CIP 数据核字(2017)第 242999 号

二阶俊博评传

ERJIEJUNBO PINGZHUAN

蒋丰　王鹏　著

人民出版社 出版发行
(100706　北京市东城区隆福寺街 99 号)

山东鸿君杰文化发展有限公司印刷　新华书店经销

2017 年 10 月第 1 版　2017 年 10 月第 1 次印刷
开本:710 毫米×1000 毫米 1/16　印张:13.75
字数:200 千字

ISBN 978 - 7 - 01 - 018324 - 4　定价:49.00 元

邮购地址 100706　北京市东城区隆福寺街 99 号
人民东方图书销售中心　电话 (010)65250042　65289539